AF522825

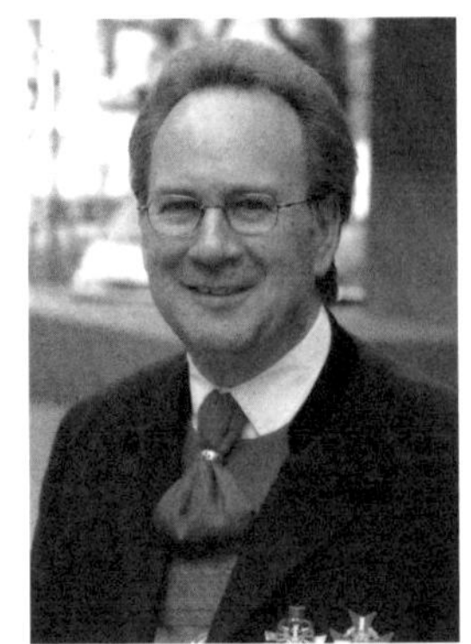

Gottfried Veit wurde am 13. August 1943 in Bozen geboren und erhielt eine gediegene musikalische Ausbildung an der Hochschule für Musik und darstellende Kunst »Mozarteum« in Salzburg sowie am staatlichen Konservatorium »Claudio Monteverdi« seiner Heimatstadt. Nach dem Studium bildete er sich in Orchesterleitung bei Henk van Lijnschooten und in Chorleitung bei Helmuth Rilling fort.

Heute ist Gottfried Veit – seines Zeichens Landeskapellmeister Südtirols von 1980 bis 2007 – als Dirigent, Komponist und freier Mitarbeiter der Rai Bozen vielfältig tätig. Als Dirigent trat er mit dem Südtiroler Landesblasorchester, dem Jugendblasorchester des VSM, dem Bozner Blasorchester, der Musikkapelle Zwölfmalgreien, der Bürgerkapelle St. Michael-Eppan, dem Gelf-Chor, dem Kinderchor der Kantorei Leonhard Lechner und dem Großen Bozner Blechbläserensemble unzählige Male in Erscheinung. Neben über 300 Kompositionen für Blasorchester, Chor, Klavier, Orgel und verschiedenste Kammermusikbesetzungen veröffentlichte er auch die Bücher »Die Blasmusik – Studie über die geschichtliche Entwicklung der geblasenen Musik«, »Das Blasorchester heute – Wer spielt was?« sowie eine ganze Reihe einschlägiger Fachartikel.

Seit 1995 ist Gottfried Veit Mitglied des Fachausschusses »Blasmusik« beim Internationalen Musikbund CISM sowie des »Südtiroler Künstlerbundes«. Der pädagogischen Tätigkeit widmet er sich in Form von Referaten, Lehrproben, Seminaren und Workshops. In dieser Funktion wirkte Veit unter anderem an der Musikakademie in Marktoberdorf, am Bruckner-Konservatorium in Linz sowie an der Musikuniversität in Graz. Auch fungiert er häufig bei nationalen und internationalen Wettbewerben als Juror.

In letzter Zeit schrieb Gottfried Veit vorzugsweise Auftragskompositionen für Vereine, Verbände und andere Institutionen.

Gottfried Veit

Die Blasmusik

Meilensteine in der geschichtlichen Entwicklung
der Blas- und Bläsermusik

Bibliografische Information der Nationalbibliothek
Die Deutsche Nationalbibliothek verzeichnet diese Publikation in der Deutschen Nationalbibliografie; detaillierte bibliografische Daten sind im Internet über http://dnb.ddb.de abrufbar.

3. Auflage, 2023

www.dvo-verlag.de

Covergestaltung, Herstellung und Satz:
DVO Druck und Verlag Obermayer GmbH
Druck: Memminger MedienCentrum

ISBN 978-3-943037-25-8

Gottfried Veit

Dic Blasmusik

Meilensteine in der geschichtlichen Entwicklung der Blas- und Bläsermusik

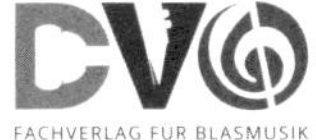

DVO Druck und Verlag Obermayer GmbH

Vorwort

Bereits vor 40 Jahren erschien in der »Tiroler Volkskultur«, dem damaligen Mitteilungsorgan des Verbandes Südtiroler Musikkapellen, eine Artikelserie unter dem Titel »Die Blasmusik – Studie über die geschichtliche Entwicklung der geblasenen Musik«. Diese Artikelserie veröffentlichte im Anschluss daran die Innsbrucker Edition Helbling in Buchform.

Da dieses Buch inzwischen zum einen seine Aktualität verloren hat und zum anderen mittlerweile auch vergriffen ist, lag es nahe, an eine Neuauflage zu denken. Im Laufe der Überarbeitung stellte sich aber schon bald heraus, dass eine vollständige Neugestaltung der Texte unumgänglich wurde. Nicht nur die Einteilung der einzelnen Kapitel war zu ändern, sondern auch die Erweiterung des Inhalts wurde notwendig. Es entstand also ein fast völlig neues Kompendium über verschiedenste Themen der geblasenen Musik.

So erhielt die hier vorliegende Fassung dieser neugestalteten Abhandlung den Titel »Die Blasmusik – Meilensteine in der geschichtlichen Entwicklung der Blas- und Bläsermusik«. Dieser Titel soll einerseits den Bezug zu seinem Vorgänger wahren und andererseits zeigen, dass es sich um eine gründlich überarbeitete Ausgabe des alten Blasmusik-Buchs handelt.

Herzlich bedanken möchte ich mich bei all meinen Freunden und Kollegen, die mir bei der Verfassung dieses Buches mit Rat und Tat zur Seite gestanden sind. Zum Dank verpflichtet bin ich nach wie vor der Leitung des Bärenreiter-Verlages die es überhaupt ermöglichte, die erste Abhandlung dieser Publikation zu veröffentlichen. Ein besonderer Dank gebührt dem DVO-Verlag – und hier vor allem Geschäftsführer Stefan Männlein – für die geschmackvolle Gestaltung und die Herausgabe dieser umfangreichen Publikation. Ein aufrichtiger Dank gebührt nicht zuletzt auch Katja Brunk für ihre sorgfältige Lektorats-Arbeit.

Bozen, im Frühjahr 2013 — Gottfried Veit

Inhalt

Vorwort . . . 7

Blasmusik der Hochkulturen . . . 11

- Germanien . . . 11
- Ägypten . . . 12
- China . . . 13
- Palästina . . . 13
- Griechenland . . . 14
- Römisches Reich . . . 15

Blasmusik im ersten Jahrtausend nach Christi . . . 16

Vom Wesen der Zünfte und Innungen . . . 20

Der Carroccio . . . 23

Die Venezianische Schule . . . 26

Die Meister der Turmmusik . . . 29

Die Feuerwerksmusik . . . 32

Blasmusik in der Zeit um Kaiser Maximilian I. . . . 36

Die Janitscharenmusik oder »Die türkische Musik« . . . 40

Blasmusik in der Zeit der Französischen Revolution . . . 44

Haydn, Mozart, Beethoven und die Blasmusik . . . 49

Schubert, Spohr, Weber, Spontini, Meyerbeer, Mendelssohn, Wagner, Bruckner, Rossini, Gounod, Berlioz, Strauss, Donizetti, Ponchielli, Rimski-Korsakow, Prokofjew und die Blasmusik . . . 54

Das Bläserquintett . . . 63

Die Transkription 68
Die Posaunenchöre 72
Uster, ein Mekka der zeitgenössischen Blasmusik 76
Spielmannszüge und Marching Bands 80
Die Brass Band 84
Die englische Blasmusikbewegung 87
Donaueschingen 1926 90
Strawinsky, Hindemith, Schönberg, Krenek, Honegger, Milhaud und die Blasmusik 95
Das militärische Blasmusikwesen 100
Deutschland 100
Österreich 102
Schweiz 103
Großbritannien 104
Frankreich 105
Italien 106
Russland 106
Das zivile Blasmusikwesen 108
Deutschland 110
Österreich 111
Schweiz 112
Niederlande 114
Italien 114

Frankreich 115
Belgien 116
Spanien 117
Großbritannien 118
Tschechien 119
Ungarn 120
Russland 121
USA 121
Japan 122
Die Confédération Internationale des Sociétés Musicales (CISM) 122
Die Internationale Gesellschaft zur Erforschung und Förderung der Blasmusik (IGEB) 123
Die World Association for Symphonic Bands and Ensembles (WASBE) 124

Abbildungsverzeichnis 125
Quellen der Zitate 130
Verwendete und weiterführende Literatur 132
Stichwortverzeichnis 135
Personenverzeichnis 142

Blasmusik der Hochkulturen

Geblasene und geschlagene Musik in vorchristlicher Zeit

Solange es Menschen gibt, gibt es auch den Tanz; und solange es den Tanz gibt, muss es auch eine Art Musik gegeben haben. Niemals existierte ein Volk auf Erden ohne Musik. Allmählich entstanden auch Klangwerkzeuge, die bei den Hochkulturen besondere Formen annahmen.

Germanien

In Germanien traten beispielsweise bereits im frühen Altertum Trompeten in Verbindung mit Schlaginstrumenten auf, die bei kultischen und kriegerischen Handlungen in Erscheinung traten. Selbstständige, künstlerische Bläsermusik kennt bereits das 15. Jahrhundert v. Chr. als nordische, d. h. altgermanische Luren-Musik. Aber nicht nur Luren, sondern auch Knochenflöten und goldene Hörner zählten zu den Klangwerkzeugen germanischer Musik. Natürlich wurde in Germanien schon viel früher geblasen: und zwar auf Kuh-, Stier- oder Widderhörnern. Allerdings nimmt man an, dass auf diesen primitiven Hörnern nicht im heutigen Sinne geblasen wurde, sondern dass durch

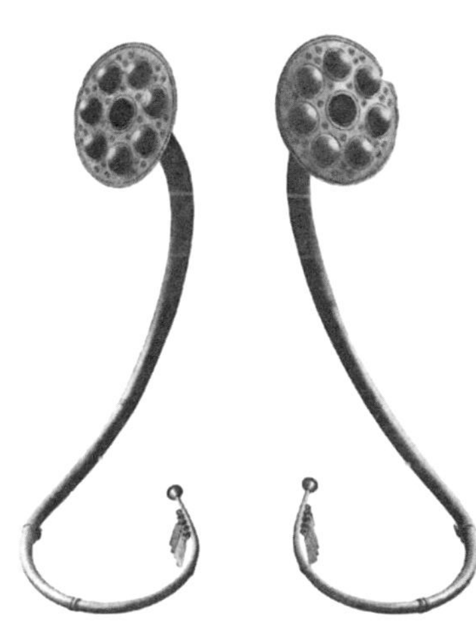

Abb. 1: Germanische Luren aus Bronze

»Hineineulen« oder »Hineinsingen« diese Instrumente eine gewisse Tongebung erhielten. Die Luren sind die ältesten der mit Kesselmundstück gebauten Blechblasinstrumente. Diese Instrumente wurden bei Ausgrabungen stets paarweise gefunden: Hieraus ziehen Forscher den Schluss, dass den alten Germanen die Zweistimmigkeit bereits bekannt gewesen sein könnte.

Ägypten

Im alten Ägypten war die Flöte das beliebteste Instrument. Sie wurde anfänglich mit einfachem Rohr verwendet. Später wurden mehrere solcher Flötenrohre mit verschiedenen Längen aneinandergereiht und mit Wachs verklebt oder mit Grashalmen verbunden, was zur Erfindung der Panflöte (Syrinx), der Hirtenpfeife der alten Griechen, führte. Neben diesen beiden Arten von Flöten kannten die Ägypter noch primitive Doppelrohrblatt-Instrumente und eine große Zahl an Schlaginstrumenten. Die gebräuchlichsten davon waren die Metallschellen, die Fasstrommeln und die Becken aus Muschelschalen. Der Beweis für eine frühe Bläsermusik Ägyptens ist die Darstellung des Festzugs der Heiligen Barke, die von blasenden und schlagenden Musikern (Trommeln) begleitet wird. Schon bevor Ägypten von Alexander dem Großen erobert wurde (332 v. Chr.), blühte dort die Kriegsmusik unter den damaligen Eroberungskönigen. Defilierende Soldaten, vor oder hinter denen Trompeter und Trommler marschieren, finden sich auf Abbildungen im Tempel zu Deir el-Bahari aus der Zeit der Königin Hatschepsut (um 1450 v. Chr.), in den thebanischen Gräbern Nr. 74 und Nr. 90 aus der Zeit Thutmosis IV. (um 1420 v. Chr.) und im Tempel zu Luxor aus der Zeit des Tutanchamun. Von Alexander dem Großen – dem Schöpfer der Weltkultur – weiß man, dass er seine Krieger mit Trompetenschall auf einer Entfernung von etwa 100 Stadien (das sind ungefähr zwei geografische Meilen) zusammenrufen ließ.

China

Über die Kriegsmusik im alten China schreibt Giovanni Francesco Gemelli Careri Folgendes: »Die Chinesen unterschieden acht verschiedene ›suoni‹ (Klänge, Laute) und zwar: vom Fell, vom Stein, vom Metall, von der brennenden Erde, von der Seide, vom Holz, vom Bambus und vom Kürbis. Und jedem Klang entspricht ein eigenes Instrument: um mit der Trommel anzufangen, welche mit ihrem Getöse auf ihre eigene Art immer passend ist, mit ihrem eindringlichen Rhythmus den Takt für das bewegte Heer in der Schlacht anzugeben.«[1] Auch berichtet er über die Existenz einer konisch gebauten hölzernen Trompete mit einem Goldring am Schallbecher, die eine Länge von drei Spannweiten aufgewiesen haben soll. Außerdem haben die Chinesen jener Zeit bereits alle gebräuchlichen Instrumente der Antike verwendet. Besonders charakteristisch für ihre Musik war aber das Steinspiel, das sogenannte »King«.

Palästina

Ist von Palästina die Rede, so denken wir unwillkürlich an die Bibelstelle, wo von den »Posaunen von Jericho« (in Wirklichkeit waren es »Schofare«, also Widderhörner) berichtet wird, mit welchen die Stadtmauern von Jericho zum Einsturz gebracht wurden. Auch wird in den 150 Psalmen Davids immer wieder auf die reiche Vokal- und Instrumentalmusik Palästinas hingewiesen. König David war es, der die jüdische Musikpflege besonders förderte. Bei gottesdienstlichen Feiern sollen zu seiner Zeit zuweilen nicht weniger als »viertausend Lobsänger« von 120 Priestern, »die mit Drommeten bliesen«, begleitet worden sein. Salomon, der Sohn Davids, der als der glanzvollste König Israels gilt, erreichte ebenfalls einmal die Zahl Viertausend an Sängern und Instrumentalisten, die er zur prunkvollen Gestaltung seiner Feste einsetzte. Nicht nur die Sänger, sondern auch die Trompetenchöre des salomonischen Tempels erfreuten sich damals besonderer Beliebtheit. Den Hebräern wird ferner noch der früheste und weitläufigste Gebrauch der Metall-Trompete (Chazozra) in ihren verschiedensten Formen zugeschrieben. Dieses Instrument wurde entweder in gerader oder gebogener Form hergestellt. Die vier Typen, die allmählich auch bei den anderen Kulturvölkern Anwendung fanden, hießen: Tuba (gebogene Trompete), Lituus (gerade Trompete), Buccine oder Busine (eine in langer oder kurzer Form um die eigene Achse gewundene Trompete) und Horn.

Griechenland

Und nun zu Griechenland. Griechische Chronisten berichten zwar vom Salpinxspiel (Spiel aus altgriechischen, gerad-konischen Signaltrompeten etruskischen Ursprungs mit Knochenmundstück), aber die eigentliche Blas- oder Kriegsmusik wurde damals von Aulosbläsern besorgt. Besonders geeignet waren diese Schalmei-ähnlichen Blasinstrumente für Kriegszwecke, da sie mit ihrem grellen Klang den Kampfgeist der Hopliten hervorragend anfeuerten. Mit dem Eindringen des kleinasiatischen, phrygischen Aulos entwickelten sich bis Ende des 8. Jahrhunderts v. Chr. sogenannte »Nomoi« (Typenmelodien), die auf einzelne Götter gerichtet waren. 586 v. Chr. siegte Sakadas aus Argos bei den pythischen Spielen in Delphi mit einem programmatischen Aulos-Nomos, also einer Typenmelodie. Die Aulodie (dem Gott Dionysos geweiht) verdrängte teilweise die in Griechenland sehr bedeutende Kitharodie (dem Gott Apollo geweiht). Sie war die einzige Musik – ob zur Begleitung oder zur Ausführung der Zwischenspiele im griechischen Drama. Zu den bedeutendsten Blas- und Schlaginstrumenten der alten Griechen zählten: der Aulos (als einfacher und doppelter Aulos verwendet), die Syrinx (Panflöte), das Tympanon (Rahmentrommel), die Kotola (Handklapper) und das Kymbalon (Metallbecken, das paarweise verwendet wurde).

Römisches Reich

Als ursprüngliches Instrument im Römischen Reich fand im Hirtenleben die nach der Art des Stierhorns gekrümmte »Bucina« Gebrauch. Da es sich bei der Bucina um ein Signalinstrument handelt, fand es später auch Eingang in die Militärmusik. Die Syrinx (auch »avena«, »calami«, »cicuta«, »fistula« oder »stipula« genannt) unterstützte hingegen bei politischen Veranstaltungen sogenannte Pfeifkonzerte. Wenn Rom im Altertum auf musikalischem Gebiet auch sehr wenige Eigenleistungen aufweisen konnte, so hatte das Imperium Romanum zumindest eine durchorganisierte Signalmusik. Von großer Wichtigkeit für das gesamte Kulturleben Roms war die Übernahme der etruskischen Geistesgüter. Die Etrusker zeigten eine besondere Vorliebe für die geblasene Musik. Überhaupt spielte die Musik in Etrurien eine das gesamte Leben beherrschende Rolle. Sie war nicht nur bei kultischen Zeremonien und sportlichen Wettkämpfen, sondern auch bei der täglichen Arbeit und sogar beim Strafvollzug präsent. Die Sonderformen der Trompete, »Lituus« und »Cornu«, wurden von den Etruskern entwickelt. Den »Aulos«, der später als »Tibia« das Nationalinstrument der Römer wurde, haben wahrscheinlich auch die Etrusker aus ihrem kleinasiatischen Ursprungsland mitgebracht. Eine Besonderheit etruskischer Musikpraxis ist die häufige Doppelbesetzung der Metallblasinstrumente bei Triumph- und Leichenzügen. Wohl erst nach der Gründung der römischen Republik wurden die von den Etruskern aus Metall gearbeiteten Blasinstrumente wie Tuba, Lituus und Cornu zur Ausführung militärischer Signale von den Römern übernommen. Gleich zweimal in jedem Frühjahr wurde die Reinigung der kultischen Trompeten festlich begangen. Tuba und Cornu ertönten in der Schlacht, die Bucina im Lager und der Lituus bei der Reiterei. Nach Cassius Dio († nach 229 n. Chr.) gab es zu jener Zeit 43 verschiedene Signale für Tuben. Heute nimmt man zudem an, dass die römischen Legionen, zumindest auf guten Straßen, zu ihrer Kriegsmusik im Gleichschritt marschiert sind.

Blasmusik im ersten Jahrtausend nach Christi

Geistliche Vokalmusik verdrängt geblasene Musik

Mit dem Zerfall des Imperium Romanum (476 n. Chr.) begann eine neue, aber für die Geschichte der Blasmusik fast unbedeutende Zeit. Ein langer Zeitabschnitt, der mit keinem anderen vergleichbar ist. Musikalisch wurde diese Zeit einerseits vom Ambrosianischen Gesang und andererseits vom Gregorianischen Choral bestimmt. Als Ambrosianischer Gesang wird eine im 4. Jahrhundert n. Chr. aufkommende Form der Kirchenmusik bezeichnet, die in der Region um Mailand und in den Tälern des Kantons Tessin noch bis heute erhalten blieb. Diese Mailänder Reformen wurden nach dem Bischof Ambrosius von Mailand (374 – 397) benannt, obwohl man sie erst in späterer Zeit schriftlich festhielt. Der Gregorianische Choral ist hingegen nach Papst Gregor I. (um 540 – 604) benannt. Er ist ein einstimmiger, ursprünglich unbegleiteter liturgischer Gesang der römisch-katholischen Kirche in lateinischer Sprache. Sein Kernrepertoire besteht aus Proprien und Ordinarien der Heiligen Messe sowie dem Stundengebet. Die Quellen des Gregorianischen Chorals finden sich in Syrien und Palästina, Griechenland und Rom.

Im ersten Jahrtausend nach Christus wurde die Instrumentalmusik als heidnisch abgetan und daher von der christlichen Tonkunst stark zurückgedrängt. Werner Bodendorff formulierte diese Situation einmal treffend, indem er sagte: »Pfeifen aller Art galten als Symbol spätantiker Ausschweifung und Lasterhaftigkeit heidnischer Kulte, dem Einhalt geboten werden müsse. Für den Bischof von Salamis, Epiphanius von Zypern (um 315 – 413), war der Aulos gar ein Sinnbild für die verführerische Schlange, durch die der Teufel zu den Menschen spricht. Diese Anschauung prägte die durch das ganze Frühmittelalter anhaltende Überzeugung, Aulos und Tibia seien Symbole des Todes, des

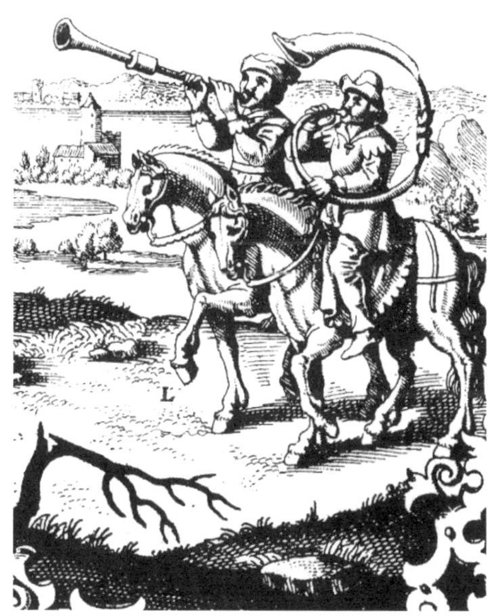

Abb. 2: Tuba und Cornu der berittenen Truppen im alten Rom (Wilhelm Dilich, 1589)

Teufels und der Hölle. Insbesondere im tibiabegleiteten Tanz sahen einige Theologen gar ein verderbliches Reizmittel der fleischlichen Lüste und der Begierde.«[2] Und weiter zitieren wir Werner Bodendorff: »Das einzige Blasinstrument, welches die frühen Kirchenlehrer gelten ließen, war die Tuba bzw. Trompete. Tuba-Engel als Symbol für das Lob Gottes stehen für die Verkündigung von Freude und die unmittelbare Gegenwart des Herrn«.[3] Wie heißt es doch im Psalm 98, Vers 6: »Mit Posaunen und Hörnerschall jauchzet vor dem König, dem Herrn!«

Mit dem Ende des 4. Jahrhunderts begann die Völkerwanderung in ganz Europa. In den unzähligen Kriegen, Kämpfen, Verwüstungen und Plünderungen, von denen sie begleitet war, ging es einzig und allein um Macht. Einmal waren es die fränkischen Merowinger, welche die Kriege entfesselten, ein anderes Mal waren es die Eroberungszüge Karls des Großen oder die Machtpolitik der römischen Päpste und wieder ein anderes Mal waren es die großen deutschen Könige und Kaiser, die »das Schwert des Egoismus« schwangen. Die Jahrhunderte kamen und gingen in die Ewigkeit, aber die Kunst und die Kultur mussten den schonungslosen Kriegen Platz machen. Nur der jungen christlichen Kirche gelang es, die letzten Reste antiker Geistesbildung zu retten und damit die Wege zu einer höheren, lateinisch-christlichen Mentalität zu ebnen. Kunst und Kultur konnte damals nur in Klöstern oder Ordenshäusern gedeihen. Diese und später die Höfe der Karolinger, Ottonen und Salier waren die eigentlichen Zentren der damaligen Musikpflege. Besitzen wir auch keine Aufzeichnungen der Musik jener Zeit, so wissen wir aus mündlicher Überlieferung, dass beispielsweise Karl der Große von seinem bläserischen »Jagdzug« bereits Signale wie »Sammeln« oder »Fröhliche Jagd« zu passenden Gelegenheiten vortragen ließ. Dass in der karolingischen Zeit auch Schlaginstrumente wie Pauken, Trommeln und Schellen (bei der Falkenjagd) zu den gebräuchlichen Jagdinstrumenten zählten, verdient schon wegen ihrer Außergewöhnlichkeit erwähnt zu werden.

Eine umfassende Darstellung der im frühen und mittleren Mittelalter existierenden Bläsermusik zu geben, ist leider nicht möglich, da fast jegliche Belege fehlen. Die Neumenschrift (Neumen = Wink oder Zeichen) und die spätere Mensuralnotation (Mensur = Maß) standen fast ausschließlich im Dienste der geistlichen Musik. Man muss sich deshalb auf die Beschreibung des in der Kriegs- oder Jagdmusik verwendeten Instrumentariums beschränken, was aber wegen der bunten Vielfalt und der häufigen Ungenauigkeit der Nomenklatur der Instrumente äußerst schwierig ist. Als Quellen dienen zeitgenössische Dichtungen, Bilddarstellungen und Miniaturen. Wie die Besetzung und die Wirkung der Blas- oder Kriegsmusik zur damaligen Zeit waren, kann niemand prägnanter schildern als der Minnesänger Wolfram von Eschenbach.

Er schrieb einmal:

»dâ wart vil busîne erschalt
und tambûres (Trommeln) ungezalt…
… dâ wart geworfen und geslagen…
tûsend rottumbes (Trommeln)
sleht, ir keiniu krumbes
und acht hundert pusînen snar
man hört dâmit krache gar.«

Für das gesamte Mittelalter müssen die Grenzen zwischen Feld-, Kriegs-, Militär- und Hofmusik als fließend angenommen werden. Nicht selten haben die sogenannten »Fahrenden Gesellen« in kleinen Pfeifer-, Blechbläser- und Trommlergruppen, sei es für militärische Zwecke als auch bei höfischen Unterhaltungen, aufgespielt. Die instrumentalen Besetzungen waren dabei alles andere als homogen. Ein ganz neuer Zeitabschnitt wird erst mit dem anbrechenden 15. Jahrhundert eingeleitet, in welchem sich die Musik der Trompeter und Pauker von jener der Trommler und Pfeifer vollkommen getrennt hat.

Vom Wesen der Zünfte und Innungen

Eine streng reglementierte Musikpflege

Als Zünfte und Innungen (die Innungen sind die Nachfolger der Zünfte) bezeichnet man ständische Körperschaften vor allem von Handwerkern, wie sie seit dem Mittelalter zur Wahrung gemeinsamer Interessen entstanden sind und bis ins 19. Jahrhundert existiert haben. Auf musikalischem Gebiet entstand das Zunftwesen als Bewegung gegen die Rechtlosigkeit der fahrenden Spielleute, der Histriones und der Juculatores. In der Zeit der Völkerwanderung wurden sie zu Gauklern, Tänzern, Tierbändigern, Possenreißern und Musikanten, die vagabundierend von Stadt zu Stadt zogen. Nicht ohne Grund galten diese Spielleute als ehrlos. Nachdem diese Spielleute oder fahrende Gesellen nirgends sesshaft waren, wurden sie auch nicht als Bürger anerkannt. Sie durften vor Gericht weder Eid leisten noch irgendein bürgerliches Amt bekleiden. Nach dem Sachsenspiegel, dem ersten in deutscher Sprache verfassten Rechtsbuch, durften sie, selbst wenn sie sich im Recht befanden, »nur den Schatten ihres Gegners schlagen…«.

Als die weltliche Musik höhere Anforderungen stellte, wollten sich die besseren Musiker aus der Masse der minderwertigen Spielleute herausheben. Sie gingen in den Dienst eines Herren und wurden sesshaft oder vereinten sich nach dem Vorbild der Bürger zu Bünden. Seit dem 12. Jahrhundert schlossen sich die Handwerker zu sogenannten Zünften oder Innungen zusammen, die ebenso wie die Gilden (von »Gelten«) der Kaufleute strenge Satzungen hatten. Waren die Bünde auch standesmäßig streng getrennt, so hatten sie doch eines gemeinsam, und zwar die Pflege der Musik. Zu dieser Zeit waren beispielsweise bei Hofe ausschließlich Trompeter und Pauker beschäftigt. In den Städten entstanden hingegen die Innungen aus Türmern (Turmbläsern) und Stadtpfeifern. Im Gegensatz dazu standen im soldatischen Dienst Pfeifer und Trommler. Musikantenbruderschaften entstanden seit dem 13. Jahrhundert, denen es durch ihren Zusammenschluss gelang, Privilegien von Seiten der Regierenden zu erlangen. Im Jahre 1288 wurde in Wien die erste Trompeterzunft, die Nicolai-Bruderschaft, gegründet. Aus dieser Bruderschaft soll – nach Friedrich Herzfeld – das Orchester der Wiener Philharmoniker hervorgegangen sein. Andere bedeutende Zünfte bildeten sich 1330 in Paris (Confèrie de St. Julien des mènestriers) und 1492 in London (Musician company of the city of London). In Deutschland zählen die »Bruderschaft zum Heiligen Kreuz« (in Uznach) sowie die »Bruderschaft der Kronen« (in Straßburg) zu den ältesten.

»Als Lehrlinge wurden nur ehrbare und unbescholtene junge Männer aufgenommen, die nach einer strengen Lehrzeit von mehreren Jahren Prüfungen ablegen mussten, bei denen höchste musikalische Anforderungen gestellt wurden. Nach bestandener Prüfung bekamen die höfischen Trompeter Pferd, Straußenfeder und Degen zum Zeichen, dass sie dem Offiziersstand angehörten. Ein im Krieg gefangener Trompeter konnte nur durch einen Offizier ausgetauscht werden (daher der Dienstgrad: Kornett = Fähnrich). Die Trompeterkunst war damals die angesehenste; sie durfte nur bei Hofe gepflegt werden. Bürgerlichen Schichten war das Spiel von Trompeten untersagt, so auch den innungsmäßig zusammengeschlossenen Stadtpfeifern, die sich deshalb der Zinken bedienen mussten. Schwere Strafen mussten von denen bezahlt werden, die sich – nicht zur Trompeterzunft gehörend – beim Spiel auf einer Trompete erwischen ließen. Erst im 18. Jahrhundert wurde die Trompete nach und nach auch zu einem bürgerlichen Instrument.«[4]

Wie oben beschrieben, durften nur Mitglieder einer Zunft öffentlich Trompete spielen. Dies ging sogar so weit, dass auch das Mitspielen in anderen Bruderschaften sowohl den Lehrlingen als auch den Herolden – auch im Falle eines Ausschlusses aus der Zunft – untersagt war, weil die Bruderschaftsmitglieder als besonders ehrbare Bürger galten. Da nur Reichsfürsten und Reichsstädte Trompeter halten durften, konnte beispielsweise Kaiser Sigismund für hohes Geld dieses Recht an die Stadt Ulm verkaufen. Auch ist dokumentiert, dass sich der Rat von Leipzig einmal vor dem Kurfürsten zu verantworten hatte, weil der damalige Thomaskantor Johann Hermann Schein bei einer Patrizierhochzeit Trompeten verwendete. Dieses Ereignis führte in der Zukunft zu allerlei Umgehungen durch Ersatzinstrumente.

Willy Schneider hat festgestellt: »Den bürgerlichen Musikbedarf stellten die Stadtpfeifereien, die unter der Leitung des ›Stadtmusicus‹ standen. Ihre Instrumente waren Zinken, Schalmeien und Posaunen, dazu kam die große Trommel (Pauken gehörten zur Trompeterzunft). Die Stadtpfeifer oder Zinkenisten versahen gewöhnlich noch Wächterdienst auf dem Turm oder der Stadtmauer. Ihr Musikdienst bestand im Abblasen vom Turm, im Mitwirken beim Gottesdienst, Tafelmusik bei Festlichkeiten, Trauermusik bei Begräbnissen sowie im Aufspielen zum Tanz bei bürgerlichen Anlässen. Der Stadtmusikus hatte das Recht, Lehrlinge auszubilden. Viele bedeutende Musiker und Komponisten hatten ihre erste Ausbildung den Stadtpfeifereien zu verdanken. Kein Geringerer als Johann Sebastian Bach (1685 – 1750) hatte seine Ahnen in den Reihen der Stadtpfeifer. In der Gegend um Erfurt waren so viele Musikanten aus der Bach'schen Sippe tätig, dass man dort die Musiker einfach die ›Bache‹ nannte, auch wenn sie ganz andere Namen trugen.«[5]

Die musikbegleiteten Aufzüge der Zünfte und Ratsherren des 16. Jahrhunderts führen fast nahtlos zu den feierlich-breiten Intraden eines Hans Leo Hassler oder eines Johann Hermann Schein, deren Modelle Richard Wagners Meistersinger-Vorspiel genial neu formt.

Der Carroccio

Ein frühes Beispiel »kommunaler Blasmusik«

Als König Konrad II. von Franken Mailand belagerte, organisierte Aribert – der damalige Erzbischof von Mailand – den Widerstand der Bürgerschaft. Damals, im Jahre 1038, erschien zum ersten Mal der sogenannte »Carroccio« als Sinnbild der städtischen Freiheit. Später wurde er auch von anderen italienischen Städten übernommen. Auf einem Florentiner Schlachtfeld taucht der Carroccio erstmals im Jahre 1228 auf. Ja, sogar bei den deutschen Heeren wurde dieser Kriegswagen unter der Bezeichnung »Karrasche« eingesetzt. So beispielsweise in der Schlacht bei Bouvines im Jahre 1214. Ähnliche Kriegswägen wurden später auch in Frankreich eingeführt.

Der Carroccio (der Ausdruck stammt aus dem Lateinischen »carrochium«) war ein vierrädriger Kriegs- bzw. Fahnenwagen, der von vier weißen Ochsen gezogen wurde. Auf dem Wagen standen ein Altar und eine Fahnenstange, von der die Stadtfahne wehte. Um den Altar waren Priester und Trompetenbläser versammelt. Die Priester lasen die Feldmesse und leisteten in Kriegszeiten den Sterbenden Beistand. Die Bläser riefen mit ihren Instrumenten zum Angriff oder zur Sammlung. Während der Schlacht war der Carroccio von den Kriegern umgeben und diente zum einen als Sammelpunkt und zum anderen als Symbol der Stadt. Die Eroberung des Carroccio durch die Feinde galt als herbe Niederlage. Um dieser Schmach vorzubeugen, wurde der Kriegs- und Fahnenwagen stets von den tapfersten Kriegern bewacht. In Friedenszeiten bewahrte eine allgemein angesehene Familie den Carroccio auf. Das Recht zur Aufbewahrung dieses Kriegswagens galt damals als eine besondere Auszeichnung.

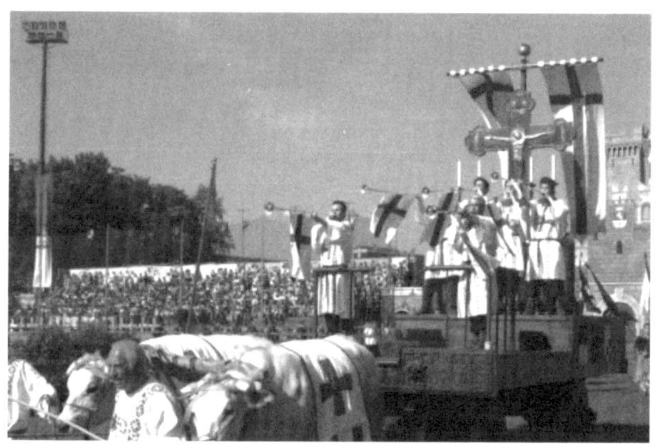

Abb. 3: Der Carroccio – Nachbildung aus unserer Zeit

Die Trompetenbläser, deren Zahl in der Regel sechs betrug, waren immer auf der Plattform des Carroccio postiert und besaßen den Rang eines Offiziers. Die Nomenklatur »Trompetenbläser«, welche in den Chroniken der einzelnen italienischen Städte einmal als »trombettieri«, ein anderes Mal als »trombetti« aufscheint, unterschied sich nicht in der Besetzung, sondern in der Bauart der Instrumente. Angeblich sollen die »trombettieri« die damalige normale Trompete (»tromba di tipo comune«) geblasen haben, hingegen waren die Instrumente der »trombetti« etwas kürzer und somit höher gestimmt.

Für uns ist die Einführung des Carroccio durch den Erzbischof Aribert von Mailand deswegen von großer Bedeutung, da diese Musiziergemeinschaften sicherlich als erste städtische Bläserensembles betrachtet werden können. Natürlich haben diese Ensembles mit den heutigen Stadtmusikkapellen nur sehr wenig gemein. Sie signalisieren aber doch augenscheinlich ein neues Kapitel in der Geschichte der Blas- und Bläsermusik.

Der Carroccio und mit ihm seine geblasene Musik wurden bald, so wie in Mailand, in allen größeren Städten Italiens eingeführt. Bedauerlicherweise besitzen wir keine Dokumentationen über die bei diesen Auftritten gespielte Musik. Somit müssen wir uns auf Vermutungen stützen, wenn wir sagen, dass die Musik der Carroccio-Bläser mit einer gewissen Sicherheit mehrstimmige Fanfaren waren.

Beim Betrachten von Abbildungen des historischen Carroccios wird Insidern gleich auffallen, dass hier die Trompeten niemals von Pauken begleitet wurden. Die Pauken waren jahrhundertelang die Bassinstrumente der Trompeten. Diese allseits bekannte Tradition scheint also erst in späterer Zeit eingesetzt zu haben.

Die Venezianische Schule

Mehrchörigkeit als besonderes Klangereignis

Als »Venezianische Schule« wird eine Gruppe von Komponisten bezeichnet, die von der Mitte des 16. Jahrhunderts bis ins 17. Jahrhundert hinein in Venedig wirkte und mit ihrer Musik auf ganz Europa ausstrahlte. Zu den bedeutendsten Meistern dieser Schule zählen Adrian Willaert, Cipriano de Rore, Giovanni Croce, Claudio Merulo, Andrea Gabrieli, Giovanni Gabrieli und Claudio Monteverdi. Eine »neue Musik«, wieder einmal eine Musik, die sich neu nannte, hatte sich von einer Stadt, in der das Malerische und das Musikalische in einer einmaligen Symbiose leben, ausgebreitet: es war die sogenannte »Venezianische Mehrchörigkeit«.

Durch die beiden Orgeln auf den gegenüberliegenden Emporen der Markuskirche wurde der flämische Komponist und Begründer der Venezianischen Schule, Adrian Willaert (um 1490 in Brügge oder Roeselare – 1562 in Venedig), zur Mehrchörigkeit, also zur Praxis der »Cori spezzati«, angeregt. Die Chorabschnitte in den venezianischen Kompositionen, die damals akzessorisch (= fallweise unterstützend), subsidiarisch (= ganze Stimmen unterstützend) oder obligat (= vorgeschrieben) von oder mit Blasinstrumenten dargeboten wurden, sind oft wie in Dialogen gegeneinander gesetzt. Auch die breitflächige Chromatik, die mit der »Farbenglut eines Tizian« verglichen wurde, tritt hier anstelle der römischen Polyphonie. Die bedeutendsten Werke venezianischer Bläsermusik schrieb der Organist am Markusdom, Giovanni Gabrieli (1557 in Venedig – 1612 ebenda), der auch als Schöpfer der ersten bedeutenden Instrumentalmusik gilt und dessen Schreibweise als der Höhepunkt der älteren Venezianischen Schule allgemein anerkannt wird. Nach dem Vorbild der mehrchörigen Chormusik entstanden die Instrumentalformen der Kanzone (»Canzon da sonar«), der Sonata und der Sinfonia. Die Instrumente bildeten mehrere Klanggruppen, die in kontrastierender Weise abwechselnd das Motivmaterial vortrugen, wobei auch besondere dynamische Wirkungen angestrebt wurden. Die bekannte »Sonata pian' e forte« (1597) aus den »Symphoniae Sacrae« von Giovanni Gabrieli ist beispielsweise die erste Komposition der gesamten Musikgeschichte, die dynamische Zeichen aufweist. In der »Canzon in echo duodecimi toni« (1597) desselben Meisters wirken acht Zinken und zwei Posaunen in feinster Harmonie zusammen. In seiner 14-stimmigen »Sonata XVIII« (1615) schreibt er hingegen eine Besetzung von nicht weniger als vier Zinken und zehn Posaunen vor. Durch das Bewusstwerden der klanglichen Wirkungen der Blasinstrumente aus dem Rahmen der Vokalpraxis schaffen sich diese Instrumente – durch eine charakteristische Virtuosität – eine arteigene Literatur. Auch bei der Oper »L'Orfeo« von Claudio Monteverdi (1567 in Cremona – 1643 in Venedig) und »Il Pomo d'oro« von Antonio Cesti (1623 in Arezzo – 1669 in Florenz) werden die damaligen (Blech-)Blasinstrumente sehr typisch eingesetzt. Die Kompositionen der kleineren Meister jener Zeit unterscheiden sich von der Schreibweise eines Gio-

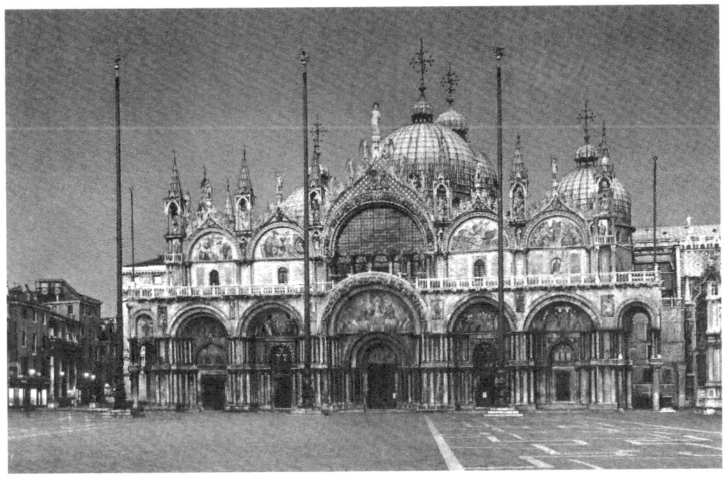

Abb. 4: Markusdom in Venedig

vanni Gabrieli nicht in ihrer Art, sondern in ihrer Qualität. Tiburtio Massaino (vor 1550 in Cremona – nach 1608 in Piacenza oder Lodi) schrieb im Jahre 1608 eine »Canzona Tricesimaterza« für acht Posaunen. Biagio Marini (1594 in Brescia – 1663 in Venedig) stellte hingegen vier Zinken, in einer anderen Komposition zwei Zinken und Bass, drei Posaunen gegenüber (»Sonate e sinfonie« op. 8, Venedig 1629). Ähnliche Kompositionen wurden auch von den damaligen Tonsetzern Claudio Merulo (1533 in Carreggio – 1604 Parma), Adriano Banchieri (1568 in Bologna – 1634 ebenda), Pietro Lappi (um 1575 in Florenz – um 1630 in Brescia) und nicht zuletzt auch vom Onkel Giovanni Gabrielis, Andrea Gabrieli (um 1510 in Venedig – 1586 ebenda), geschaffen. Welchen Stellenwert die geblasene Musik zur Zeit Giovanni Gabrielis in Venedig hatte, kann daraus abgeleitet werden, dass damals in der Lagunenstadt das Amt eines »Capo de concerti delli strumenti di fiato« eingeführt wurde. Dieses Amt bekleidete bis zum Jahre 1584 der zur Venezianischen Schule gehörende Komponist, Instrumentalist und Musikschriftsteller Girolamo Dalla Casa.

Heinrich Schütz (1585 in Köstritz – 1672 in Dresden), der als Gabrieli-Schüler die venezianische Musizierpraxis an Ort und Stelle gründlich studiert hatte, verwendet in den Einleitungs- und Zwischensätzen seiner Oratorien ebenfalls große Bläserchöre, eine Tradition, die noch bei Johann Schelle (1648 in Geising/Erzgebirge – 1701 in Leipzig) im Einsatz von zwei Zinken, drei Posaunen und vier Trompeten fortlebt. Die Bläsersätze von Giovanni Gabrieli sollen sogar bei der Entstehung der Kompositionen so manchem deutschen Turmmusiker Pate gestanden haben.

Angemerkt muss anschließend noch werden, dass es nicht als stilistischer Fehlgriff zu betrachten ist, wenn heute venezianische Vokalmusik instrumental dargeboten wird. Eine derartige »Stegreifbesetzung« entspricht fast völlig der damaligen »Cantare et sonare«-Praxis.

Die Meister der Turmmusik

Beachtenswerte musikalische Kunsthandwerker

Im späten Mittelalter entstanden in den Städten die sogenannten Innungen von Türmern und Stadtpfeifern. »Abblasen« nannte man den schönen alten Brauch, den Stundenwechsel durch Signale, Intraden, Fanfaren, Choralsätze (»Morgensegen«, »Abendsegen« usw.), Tanzsätze, Sonaten und andere »Abblase-Stückgen« von Kirch- und Ratstürmen her anzuzeigen. Dies war die Hauptaufgabe der Stadtpfeifer und Ratstrompeter, teils zur Probe ihrer Aufmerksamkeit als Feuerwächter, teils zur religiösen Erbauung und Belehrung der Gemeinde. Bevorzugte Instrumente für die Stundensignale waren das sogenannte »Türmerhorn« und die (Zug-)Trompete. Beim mehrstimmigen Abblasen kamen, neben dem reinen Trompetensatz, vor allem Zinken und Posaunen (meist zwei Zinken und drei Posaunen) zum Einsatz. Über die Aufgaben der Türmer lesen wir in einer alten Chronik Folgendes: »Des Mittages umb 11 Ohr, des Abendts umb 7, und frue Morgens umb drei schlege sollen sie wie von alters her alzeit Breuchlich gewest… uffm Rathause sein und alle vier daselbst vom gange herab blasen…«[6]

Wahrscheinlich sind die »Bicinia sive duo germanica ad aequale« (kleine zweistimmige Stücke) von Johannes Wannenmacher (geb. in Neuenburg am Rhein – 1551 in Interlaken), die im Jahre 1553 in Bern aufgeführt wurden, eines der ersten Beispiele dieser Musikgattung. Auch Daniel Georg Speer (1636 in Breslau – 1707 in Göppingen), der ab 1675 Stadtpfeifer in Göppingen war, schrieb mehrere zum Turmblasen geeignete Bläserstücke. Eine bunte Vielfalt an Turmmusiken komponierte hingegen der Leipziger Stadtpfeifer Johann Christoph Pezelius – Pezel oder auch Petzold – (1639 in Glatz – 1694 in Bautzen), von denen die Sammlungen »Hora decima musicorum Lipsiensium« und »Fünff-stimmigte blasende Music« sehr schöne Intraden, Suiten

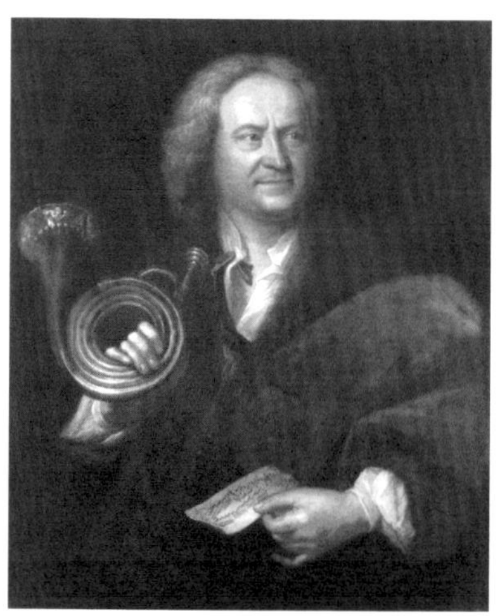

Abb. 5: Gottfried Reiche; Öl auf Leinwand, von Elias Gottlob Haussmann (1695 – 1774)

und Sonaten für Blechbläser enthalten. An Johann Christoph Pezelius schließt sich der berühmte Trompeter Johann Sebastian Bachs, Gottfried Reiche (1667 in Weißenfels – 1734 in Leipzig), mit seinen »Vier und Zwanzig Neue Quatricinien« nahtlos an. Schade, dass der größte Teil seiner Werke, beispielsweise auch seine 40 fünfstimmigen Bläsersonaten, bis heute verschollen ist. Auch Johann Hermann Schein (1586 in Grünhain – 1630 in Leipzig) leistete mit seinem »Banchetto musicale«, mit dem er sich unter anderem auch als Frühmeister der Variationen-Suite erwies, einen gediegenen Beitrag zur Musik der Türmer. Hier zeigt sich auch, dass in den Suiten für Bläserbesetzung immer hellere Farben verwendet wurden als zum Beispiel in den Sonaten und Kanzonen.

Moritz, Landgraf von Hessen, der mit Recht den Beinamen »der Gelehrte« führte, lebte von 1572 bis 1632 und hielt in Kassel eine leistungsfähige Hofkapelle. Er selbst schrieb gehaltvolle Kompositionen. Von seinen Werken für Bläser, die auch als Turmmusiken Verwendung fanden, sind die klangprächtigen Intraden, Kanzonen, Galliarden, Pavanen und Fugen zu nennen. Die sechs Sonaten für Bläser (Zink, Alt-, Tenor- und Bassposaune) von Johann Georg Christian Störl (1675 in Kirchberg – 1719 in Stuttgart), vermutlich für die Turmmusik der Stuttgarter Stiftskirche bestimmt, sind durchwegs zweiteilig angelegt: die ersten Sätze in der Form von Präludien, die zweiten als Fuga, Chaconna, Gigue oder Rondo. Ansprechende Bläserkompositionen sind auch die »Vier und Zwanzig Quatricinia« desselben Meisters. Als Letzter in dieser Reihe gilt Friedrich Schneider (1786 in Altwaltersdorf bei Zittau – 1853 in Dessau), der bereits um 1830 reizvolle Turmmusiken in Sonatenform schrieb. Am bekanntesten sind wohl seine vier Sonaten für zwei Trompeten und drei Posaunen, die er für die Bläser der Stadt Zittau komponierte. Zu den späten Turmmusiken zählen aber auch die »Drei Equale für vier Posaunen zum Abblasen am Tage Allerseelen« (WoO 30) von Ludwig van Beethoven (1770 in Bonn – 1827 in Wien) aus dem Jahre 1812, die er für den Linzer Domkapell- und Türmermeister Franz Xaver Glöggl komponierte.

Nachdem in der zweiten Hälfte des 18. Jahrhunderts das Abblasen vielerorts bereits augenscheinlich reduziert wurde, kam es im 19. Jahrhundert, auch durch die Abschaffung des Türmeramtes, in den meisten Städten fast völlig zum Erliegen.

Gegenwärtig wird das Turmblasen von verschiedenen Bläserensembles, von Posaunenchören, aber auch von vereinsmäßig organisierten Musikkapellen wieder gepflegt. Besondere Aktivitäten zur Wiederbelebung dieser alten Musizierpraxis verdanken wir vor allem Ludwig Plass, Adolf Müller, Wilhelm Ehmann und Raimund Zoder. Diese Bewegung regte aber auch Komponisten dieser Musikgattung, wie Alfred von Beckerath, Walther Hensel, Paul Hindemith, Karl Marx, Heinrich Kaspar Schmid, Roland Würz, Henk Badings, Willy Schneider, Paul Winter und andere, zu Neuschöpfungen an.

Die Feuerwerksmusik

Ein einzigartiger Versuch

Sicherlich wäre es vermessen, würde man die »Feuerwerksmusik« von Georg Friedrich Händel (1685 in Halle an der Saale – 1759 in London) als »die erste Originalkomposition für Blasorchester« bezeichnen. Zum einen war es ein einmaliger Versuch, ein Großorchester ohne Streicher zu bilden, und zum anderen wurde das Blasorchester, wie wir es heute kennen, erst ungefähr ein halbes Jahrhundert später aus der Taufe gehoben. Denn schließlich ist das Charakteristikum eines Blasorchesters nach wie vor die chorische Besetzung des Klarinettenregisters.

Die »Music for the Royal Fireworks« (HWV 351), wie der Originaltitel lautet, wurde 1748 aus Anlass der Beendigung des Österreichischen Erbfolgekrieges in Auftrag gegeben und im darauffolgenden Jahr im Green Park in London bei der Friedensfeier in Verbindung mit einem großen Feuerwerk uraufgeführt. Auf ausdrücklichen Wunsch des Königs Georg I. von England sollte diese Freiluftmusik ausschließlich für Militärinstrumente komponiert werden. »Die Feuerwerksmusik« wurde am 27. April 1749 uraufgeführt und stellt eine Gelegenheitskomposition von fast gigantischen Ausmaßen dar. Mit dieser Musik wurde der »Aachener Frieden« gefeiert.

Die öffentliche Generalprobe zu diesem außergewöhnlichen Spektakel fand am 21. April 1749 in Vauxhall Gardens vor rund 12 000 Zuschauern statt und wurde für Händel zu einem großen Erfolg. Dieser Erfolg war darum besonders nachhaltig, weil die Feierlichkeit bei der eigentlichen Uraufführung aufgrund der schlechten Witterung sowie durch ein Parkgebäude, das Feuer fing, nahezu zu einem Fiasko wurde.

Die Komposition selbst besteht aus den Sätzen »Ouverture«, »Bourée«, »La Paix«, »La Réjouissance«, »Menuet I« und »Menuet II« für 9 Trompeten, 9 Hörner, 24 Oboen, 12 Fagotte, Kontrafagott, 9 Pauken und 3 Rührtrommeln. Diese bis dahin nie dagewesene Orchesterbesetzung gilt als gesichert, da Händel höchstpersönlich diese Zahlen auf die Partitur schrieb, um damit sicherzustellen, dass genügend Instrumentalstimmen angefertigt werden.

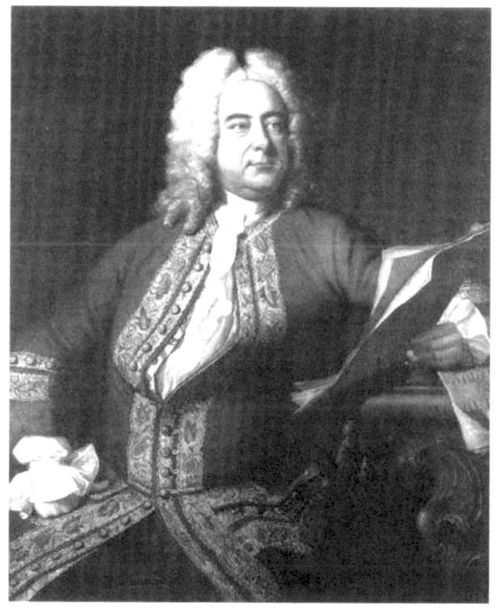

Abb. 6: Georg Friedrich Händel

Was die genaue Besetzung der »Feuerwerksmusik« bei der Uraufführung anbelangt, so gehen die Meinungen leider etwas auseinander. Ein Chronist berichtet, dass das Orchester sogar aus 112 Musikern bestand (40 Trompeten, 20 französische Hörner, 16 Oboen, 16 Fagotte, 8 Kesselpauken und 12 Trommeln), ein anderer spricht von einer Anzahl von 100 Musikern.

Über die einzelnen Sätze dieser festlichen Suite kann Folgendes gesagt werden:

- Die »Ouverture« ist nicht nur der Hauptsatz, sondern auch der umfangreichste Satz der gesamten Komposition. Formal entspricht dieser Teil der dreiteiligen Da-capo-Form. Zwei ganz unterschiedliche Themen werden einander gegenübergestellt. Von jubilierenden Fanfaren beherrscht wird das Allegro, welches im Dreivierteltakt notiert ist.

- Die »Bourrée« ist eine eher geringstimmige Komposition, entspricht einem französischen Tanz und besitzt trioartigen Charakter. Das Original weist die Tonart d-Moll auf.
- »La Paix« (Der Frieden) ist im Zwölfachteltakt notiert und entspricht einem »Largo alla Siciliana«. Da dieser Satz wieder in Dur geschrieben ist, verweist er unweigerlich auf die »Ouverture«.
- Der Satz »La Réjouissance« bringt willkommene Abwechslung und erinnert an eine fröhliche Militärmusik. Das melodische Material könnte eine historische Reitermelodie sein. Dieser Abschnitt der »Feuerwerksmusik« soll König Ludwig I. besonders begeistert haben.
- Die beiden Menuette stehen sich bewusst kontrastierend gegenüber. Während das »Menuet I« in Moll gehalten ist, trumpft das »Menuet II« nicht nur in Dur, sondern auch melodisch und rhythmisch vornehm auf.

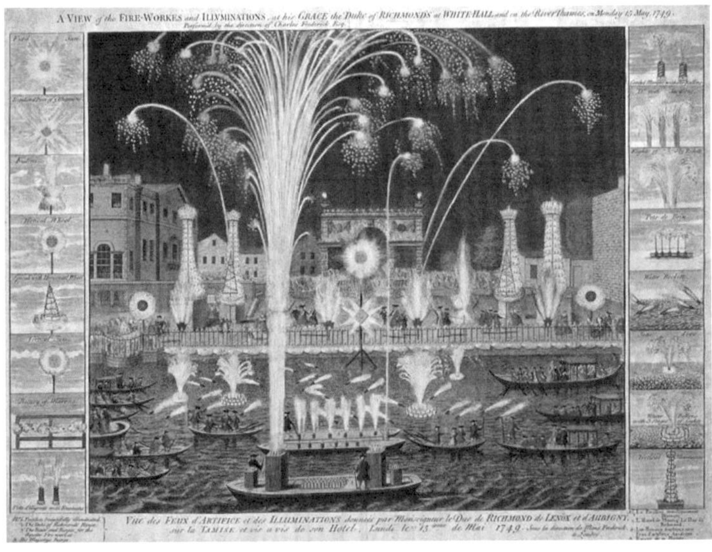

Abb. 7: Feuerwerk auf der Themse am 15. Mai 1749 anlässlich des »Aachener Friedens« zum Ende des Österreichischen Erbfolgekrieges; Händel komponierte dazu die »Feuerwerksmusik«.

Am 27. Mai 1749, genau einen Monat nach der Uraufführung, brachte Händel die »Feuerwerksmusik« noch einmal im Foundling Hospital zur Aufführung. Diesmal aber in der von ihm bevorzugten zweiten Fassung für Sinfonieorchester.

Von der »Music for the Royal Fireworks« (HWV 351) gibt es eine exemplarische CD-Einspielung mit Originalinstrumenten des Ensembles »The English Concert« unter der Leitung von Trevor Pinnock (Archiv Produktion 453 451-2 AH).

Blasmusik in der Zeit um Kaiser Maximilian I.

Ein glanzvoller Zeitabschnitt der Kunst

Um 1500 ist eine Wendezeit: Mittelalter und Neuzeit, Gotik und Renaissance, Ende und Neubeginn sind gleichermaßen präsent.

Während der Regierungszeit des großen musischen Kaisers Maximilian I. (1493 – 1519) fallen die Niederlande an Habsburg und damit öffnet sich das noch ganz frisch daliegende Kulturland Österreich dem Strom der alten Niederländerkultur. Eine wirklich königliche Erscheinung war in jener Zeit Maximilian I., um den sich die Künstlerwelt ganz Europas scharte. Ihr gehörten Meister wie Heinrich Isaac (um 1450 in den Niederlanden? – 1517 in Florenz) als ältestes und vornehmstes Mitglied der kaiserlichen Musiziergemeinschaft, Paul Hofhaimer (1459 bei Salzburg – 1537 in Salzburg), der erste bedeutende österreichische Komponist, und Ludwig Senfl (um 1490 in Zürich – 1543 in München), der große Schweizer Liedmeister, an. Mit diesen Musikern wetteiferten die namhaftesten Maler und Bildhauer wie Albrecht Dürer, Hans Burgkmair, Hans Holbein d. Ä. und Hans Holbein d. J. sowie Jörg Breu. Kaiser Maximilian I. reiste viel in seinem Leben. Zu seinen Hauptdomizilen zählten Augsburg, Innsbruck, Konstanz und Wien. Wenn er reiste, ließ er sich gerne nicht nur von einzelnen Musikern, sondern sogar von der gesamten Hofkapelle begleiten.

Wenn auch die oben genannten Tonschöpfer für die damalige Blasmusik nicht instrumentalspezifisch komponierten – Hofhaimer musizierte mit der kaiserlichen Hofkapelle viele seiner Liedsätze auch mit reiner Bläserbesetzung – so darf man den Einfluss dieser bedeutenden Tonschöpfer auf allen Gebieten der Musik nicht unterschätzen. Der Versuch, die spärlichen Reste an Notenmaterial zu sammeln, aus dem die maximilianische Kapelle musizierte, ist leider bis heute noch nicht unternommen worden. Glücklicherweise blieb der Nachwelt eine große Zahl an Gemälden und Abbildungen erhalten, sodass man sich trotz mangelndem Notenmaterial eine konkrete Vorstellung über die damalige Musizierpraxis machen kann. An Bläsern und Schlagzeugern standen im Dienste Maximilians zehn bis 15 Trompeter, zwei Pauker, vier Posaunisten, eine nicht näher bestimmbare Anzahl von Pfeifern sowie ein oder zwei Trommler. Pfeifer erweist sich als ein Sammelbegriff für Spieler verschiedener Holzblasinstrumente, und zwar Querpfeifen (Flöten ohne Klappen), Schalmeien (Instrumente mit Doppelrohrblatt), Bomharten oder Pommern, Rauschpfeifen (diese Bezeichnung ist nur aus dem Begleittext zum Holzschnittdruck des Triumphzugs überliefert), Krummhörnern und Zinken. Diese Instrumente dienten vorwiegend für die Freiluftmusik. Trat der Monarch, begleitet von Fürsten und Würdenträgern des Reiches, auf, so gaben die Musiker eine glanzvolle »Folia«. Die Trompeter, Pauker und Posaunisten ritten hoch zu Ross in des Kaisers Zug oder in einem Gegenzug, wenn beispielsweise fremde Fürsten abgeholt und in eine Stadt geleitet wurden. Sie bliesen morgens den Weckruf, gaben das Signal zur »Fürstlichen Tafel«, spielten bei den Turnieren und bei feierlichen Staatsakten. Maximilian I. hatte offenbar auch in Sälen eine Vorliebe für die sogenannte »starke Musik«. Ein französischer Chronist berichtet 1492 aus Metz: »Der Herrscher saß in einem mit Teppichen behängten Saal ganz allein an einem Tisch, ohne eine andere Person als seinen Hofnarren bei sich zu haben; bei jedem Mahle, mittags oder abends, waren zehn Trompeter und zehn weitere Bläser (Posaunisten oder Krummhornspieler?) die musizierten; dabei waren zwei große Pauken aus feinem Kupfer, mit Eselhäuten bedeckt, die auf zwei Körben standen; in der Mitte saß ein Mann, der mit einem dicken Stock darauf lostrommelte, doch so, dass der Ton mit dem der anderen Instrumente im Einklang war, wie das in Ungarn und der Türkei gebräuchlich ist, was höchst wunderbar und ergötzlich zu hören war.«[7]

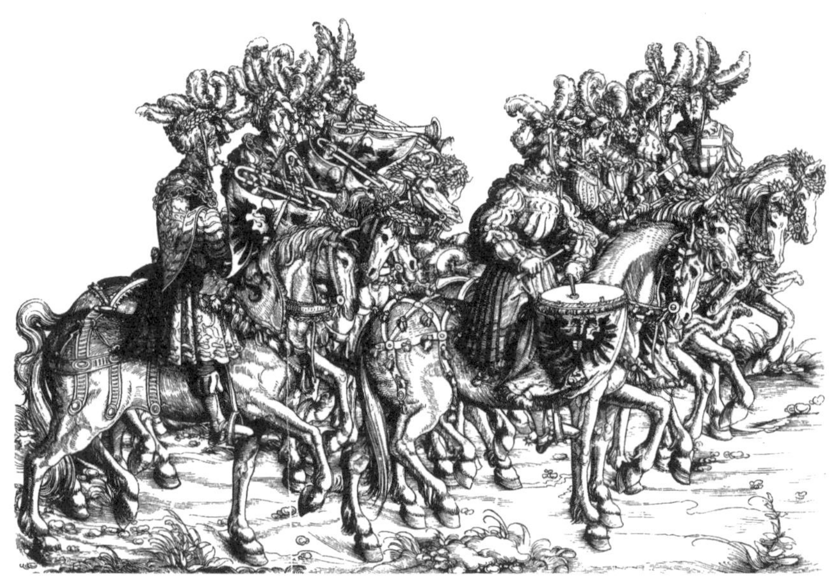

Abb 8.: Trompeter und Pauker, eine Abbildung aus dem Triumphzug Maximilians; Holzschnittdruck aus dem 16. Jahrhundert

Als bleibende und gleichzeitig einmalige Dokumentation des traditionellen »Spil« sind die Holzschnitte mit Abbildungen des glanzvollen Triumphzuges Maximilians zu betrachten. Zwischen 1512 und 1516 entstanden die ersten Entwürfe zu einem monumentalen Bildwerk, das in den folgenden Jahren von Hans Burgkmair (66 Tafeln) und Albrecht Dürer (24 Tafeln) auf Holz übertragen wurde.

Diese Holzschnitte haben auch für unsere Betrachtungen die Bedeutung eines einzigartigen Dokuments des 16. Jahrhunderts, das die hochentwickelte Heeres- oder Blasmusik der damaligen Zeit auf anschauliche Weise demonstriert.

Nicht weniger als 45 Trompeter (und wohl auch Posaunisten), begleitet von sechs Paukern, schmetterten zur Eröffnung des Kongresses in Wien 1515 – der Kongress wurde übrigens von Kaiser Maximilian I. meisterhaft inszeniert – eine Fanfare. Da die Eindrücke der Chronisten über die Musik der dort anwesenden Tartaren und Türken von besonderem musikgeschichtlichem Interesse sind, wollen wir auch dies kurz schildern: Ihnen fielen unter anderem die großen, weiten und lautstarken Trompeten auf, die nicht aufeinander gestimmt waren und deren Ton sie an das Geschwirr von Wespen und Bremsen erinnerte. Ebenso befremdend war ihnen auch der unreine Ton der Hörner, vermutlich Krummhörner, die wie eine »grobe Schalmei« klangen. »Schalmayer auf Moskowitsch« werden ebenso erwähnt wie ungarische Trompeter und Pauker, die »auf teutsch« geblasen haben. Auch der Unterschied im Zusammenklang wird bei der exotischen Musik registriert; die Trompeten und andere Instrumente spielten für die deutschen Ohren »durcheinander« oder in Quarten (Walter Senn).[8]

Aber nun zurück zur Bläsermusik aus der Zeit Maximilians I.: Neben den Kapellen mit reiner Trompeter- und Paukerbesetzung vereinte der »letzte Ritter«, wie Maximilian gerne genannt wurde, auch Blech- (Naturtrompeten und Zugposaunen) und Holzinstrumente (Pommern, Rauschpfeifen [Hautbois] und Querpfeifen [Schwegel oder Schweizerpfiff]) in Bläserchören. Dies ließ zu Maximilians Zeiten bereits die heutige Blasmusik erahnen. Und weiter: Sogar unsere gebräuchlichen Schlaginstrumente wie paarweise verwendete Kesselpauken und doppelfellige Landsknechtstrommeln wurden damals als neuzeitliche Klangbereicherung eingeführt.

Die Janitscharenmusik oder »Die türkische Musik«

Verschmelzung europäischer Feldmusik mit türkischen Schlaginstrumenten

»Janitscharen« waren die Elitetruppe im Osmanischen Reich und stellten daher die Leibwache des Sultans. Diese Truppen hatten ihren Ursprung im 14. Jahrhundert und wurden 1826 aufgelöst. Da sie neben militärischen auch repräsentative Aufgaben zu erfüllen hatten, besaßen sie obendrein ein beeindruckendes Musikwesen. Die Janitscharenmusik ist bei uns auch als »Türkische Musik« bekannt geworden.

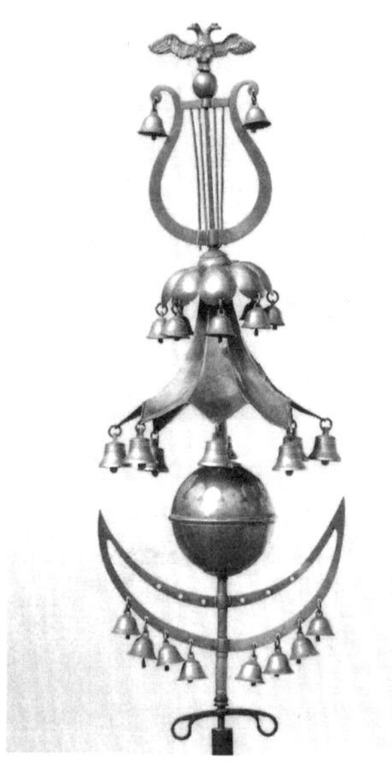

Abb. 9: Historischer Schellenbaum

Durch die in den Türkenkriegen (1526 – 1699) zustande gekommene Berührung der europäischen mit der türkischen Militärmusik entstand die sogenannte »Türkische Musik«. Diese Musikgattung ist nichts anderes als die Verschmelzung der europäischen Feldmusik mit den Schlaginstrumenten der Türken. Zu den Schlaginstrumenten der Janitscharen zählten die große Trommel, die Becken (»Türkische Becken«), Triangel, Kesselpauken und vor allem der Schellenbaum. Die Janitscharenmusik wurde in ganz Europa, aber ganz besonders in Österreich und in Deutschland (Türkenkriege 1529 und 1683), bekannt. In Gründungsprotokollen von Musikkapellen findet man nicht selten die Bezeichnung »Türkische Musik«, womit die damalige Musikkapelle gemeint ist. Ende des 18. und Anfang des 19. Jahrhunderts ging man »zur türkischen Musik«, wenn man ein Platzkonzert der Militärkapelle besuchte. In Preußen war beispielsweise noch im frühen 19. Jahrhundert »Janitschar« der Dienstgrad eines Militärmusikers.

Eine originale Janitscharenmusik bestand zur damaligen Zeit aus jeweils neun Schalmeibläsern, Trompetern (Naturtrompeten), Trommlern (große Trommeln), Beckenschlägern, Paukenspielern (kleine Pauken) und ebensovielen Schellenbaumträgern. Der erste Schalmeibläser fungierte gleichzeitig als Kapellmeister. Treffend beschrieb einmal Christian Friedrich Daniel Schubart die Wirkung dieser Musikgattung bei militärischen Aufmärschen: »Jeder Todstrich wird durch einen mannlichen Schlag so stark konturiert, daß es beynahe unmöglich ist, aus dem Tact zu kommen.«[9]

Da die Militärtrommel oder kleine Trommel in der Harmoniemusik bis dahin keine Verwendung fand (sie wurde ausschließlich zur Begleitung der Querflöte benutzt), aber auch andere Schlaginstrumente erst durch Einverleibung der Türkischen Musik in die damalige Blasmusik Einzug hielten, bedeutete die Verschmelzung dieser Elemente etwas ganz Außergewöhnliches. Die sogenannte »Harmonie« umfasste im 18. Jahrhundert folgendes, meist paarweise besetztes Instrumentarium: Oboe (»Curtals« = Kurzholz, eine Art Oboen-Instrument), Fagott, Horn, Trompete und Klarinette, jedoch keine Schlaginstrumente. Mit dieser Besetzung war es äußerst schwierig, bei Paraden die gleichmäßige Ausführung der Formationsbewegungen zu gewährleisten.

Den Anfang machte Polen, als König August II. vom türkischen Sultan eine voll besetzte türkische Musikkapelle zum Geschenk erhielt. Auch Russland wurde im Jahre 1725 mit einem ähnlichen Klangkörper von der Türkei beschenkt. Und es dauerte nicht lange, bis auch Österreich über eine derartige Musikkapelle verfügte. Als sich Preußen dieser Mode mit eigenen Elementen anschloss, tadelte der türkische Gesandte diesen Eingriff in die Türkische Musik. Dies hatte zur Folge, dass man um 1750 in Preußen ausgebildete türkische Musiker für diesen speziellen Dienst heranzog. In Frankreich und England hat man, wie aus alten Chroniken ersichtlich ist, keine türkischen Musiker eingestellt, stattdessen aber Musiker mit schwarzer Hautfarbe beschäftigt.

Zahlreiche zeitgenössische Komponisten der damaligen Epoche versuchten sich im türkischen Stil, indem sie sich durch eigene Werke dieser Mode bemächtigten. Besondere Popularität errang sich Beethovens »Marcia alla turca« aus den »Ruinen von Athen«. Mit Mozarts »Entführung aus dem Serail« (1782) und Haydns »Militär-Symphonie« (1794) gelang zum ersten Mal eine echte Verschmelzung zwischen Kunst- und Janitscharenmusik, wenngleich auch ein früherer Versuch mit Türkenopern von Nicolaus Adam Strungk (1640 – 1700) und Christoph Willibald Gluck (1714 – 1787) schon deutliche Spuren hinterließen.

Eigentlich waren die Perkussionsinstrumente der Türkischen Musik in Europa keineswegs neu, da man sie auf Bilddokumenten des ausgehenden Mittelalters bereits findet. Grundsätzlich neu war aber ihre Anwendung, das heißt die Kombination mit der damaligen mitteleuropäischen Militärmusik. Das auffallendste und zugleich die ganze Mode charakterisierende Musikinstrument war der Schellenbaum, der auch als »Halbmond« oder »Glögglhut« bekannt wurde. Dieses Rassel- bzw. Klingelinstrument ist in seiner Art wirklich eine Neueinführung und wies ursprünglich eine ganz einfache Form auf. Die gefärbten Pferdeschweife, die an den beiden Enden des Halbmondes später befestigt wurden, waren nicht türkischer Herkunft, sondern eine rein europäische Zutat. Der Schellenbaum wurde übrigens schon bald nicht nur als Instrument, sondern auch als Symbol und Wahrzeichen der preußischen Militärmusik eingesetzt.

Die Lyra (Glockenspiel), die bei der Marschmusik auch heute noch häufig verwendet wird, ist nichts anderes als ein Surrogat: Sie vertritt den Schellenbaum, der gleich der heutigen Lyra mit farbigen Pferdeschweifen geschmückt war.

Die große Trommel hat zwar heute einen größeren Durchmesser als die Janitscharentrommel, ist aber nur mehr halb so breit wie diese. Im Gegensatz zur heutigen großen Trommel wurde das Janitschareninstrument beidseitig geschlagen: Während das rechte Fell mit einem ungepolsterten Holzschlägel bespielt wurde, verwendete man zum Schlagen des linken Felles eine sogenannte »Rute«. Der Holzschlägel war für die betonten Taktteile, die Rute hingegen für die Nachschläge zuständig.

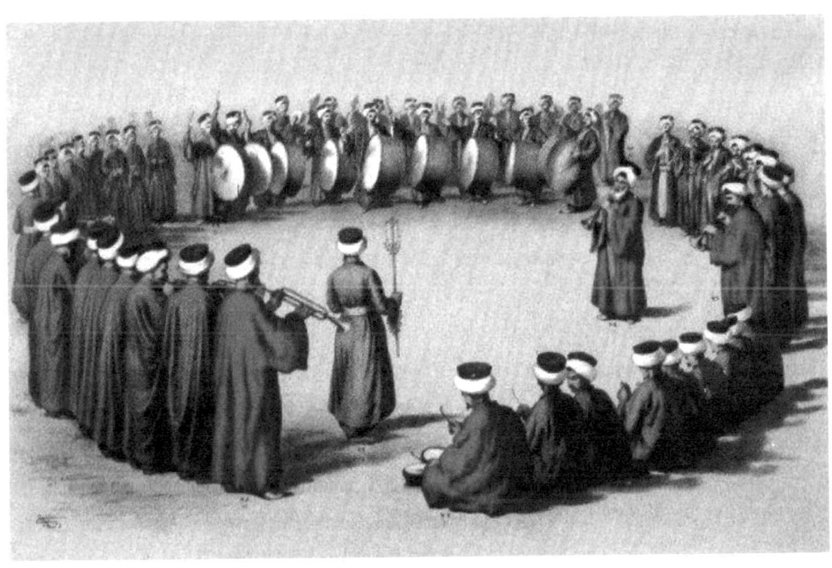

Abb. 10: Türkisches Musikkorps mit Schalmeibläsern, Trommlern, Beckenspielern, Paukern, Trompetern und Schellenbaumträgern

Blasmusik in der Zeit der Französischen Revolution

Die Geburt des »modernen Blasorchesters«

Bereits in den letzten Dezennien des 18. Jahrhunderts zeigten sich die ersten Vorboten einer umwälzenden Epoche: Es gab nur mehr ein Vorwärts und alles, was nicht Schritt halten konnte, blieb links liegen. So war es auch mit der alten Trompeterkunst, deren Tage der Herrschaft damals gezählt waren. Dieser bläserische Kunstzweig konnte aber trotzig auf seine ruhmreiche Vergangenheit verweisen. Er wird in der Geschichte der Blasmusik sicherlich immer einen Glanzpunkt darstellen. Um diese Zeit setzte auch eine umwälzende Erneuerung des Instrumentenbaus ein. Die einschneidendste Neuerung war ohne Zweifel die Erfindung der Ventile bei den Blechblasinstrumenten.

In der Zeit der Französischen Revolution war »musica alta«, das heißt »laute Musik«, ganz besonders gefragt, da ja der Großteil der Revolutionsfeiern im Freien stattfand. Nicht nur Marschmusikspezialisten wie Schwarzendorf-Martini, Devienne, Lefèvre, Catel, Solié und die Gebrüder Gebauer wurden durch die republikanischen Feiern angeregt, patriotische, aber auch konzertante Blasmusikkompositionen zu schaffen. Auch bekannte Opernkomponisten jener Epoche beschäftigten sich intensiv mit dem Medium Blasorchester. Da zur damaligen Zeit fast alle kleineren und größeren Werke vom hervorragend besetzten Musikkorps der »Garde Nationale« uraufgeführt wurden, war es für die damaligen Tonschöpfer fast eine Selbstverständlichkeit, auch dafür kompositorische Beiträge zu leisten. Zeitlich fällt die Gründung der »École gratuite de Musique de la Garde Nationale« mit der Französischen Revolution zusammen. 1789 gründete Bernard Sarrette (1765 in Bordeaux – 1858 in Paris) als Hauptmann der Pariser Nationalgarde diese Einrichtung, die er 1792 zu einer Nationalen Schule französischer Militärmusiker umformte. Aus dieser Militärmusikschule, aus der schon im Laufe der ersten fünf Jahre rund 400 Musiker für das Heer hervorgegangen sind, entwickelte Sarrette 1795 das Pariser Musikkonservatorium, dessen verdienter Direktor er bis zum Jahre 1814 blieb. Für das musikalische Niveau des Pariser Konservatoriums, aber auch für jenes des Blasorchesters der Nationalgarde, bürgen folgende Persönlichkeiten: Capitaine Sarrette, Leutnant und Musikmeister Gossec, stellvertretender Musikmeister Lefèvre, dessen Etüden für Klarinette noch heute in den Lehrplänen erscheinen, Feldwebel Devienne, der berühmte Flötenvirtuose und beachtliche Komponist, sowie Korporal Simonet, ein hochgeschätzter Fagottist seiner Zeit.

Was die Besetzung des Musikkorps der Garde Nationale anbelangt, ist interessant zu bemerken, dass man ursprünglich altrömische Instrumente wie die »Tuba curva« und die »Buccine« einführte, die man anhand der Darstellungen an der Trajansäule in Rom nachbaute. Die Umgestaltung der Besetzung geht aus einer späteren Aufführung von 1794 hervor: Die Komposition »Chœur patriotique« von J. F. Le Sueur verlangt 44 Sänger, 2 kleine und 2 große Flöten, 20 Klarinetten, 4 Oboen, 4 Trompeten, 6 Hörner in Es und ebenso viele in C, 6 Begleitfagotte, 10 Chorfagotte (die offenbar die Männerstimmen verstärkten), 3 Serpente, 3 Posaunen, 1 Tuba curva, 1 Tamtam und 4 Kontrabässe. Zur dramatischen Gestaltung dieses Werks wurden außerdem noch Sprechstimmen und Solosänger hinzugezogen. Das Novum und gleichzeitig auch das Charakteristikum des Musikkorps der Nationalgarde war eindeutig die chorische Besetzung der Klarinetten, aber auch der Blechblasinstrumente. Mit dieser Neuerung war das moderne Blasorchester geboren und wurde gleichzeitig zum Muster des künftigen militärischen und zivilen Blasorchestertypus. Am Rande wollen wir hier noch bemerken, dass der direkte Nachfolger als Direktor des Pariser Konservatoriums von Bernard Sarrette kein Geringerer als Luigi Cherubini war.

Einer der ertragreichsten Blasmusikkomponisten jener Zeit war François Joseph Gossec (1734 in Vergnies/Hennegau – 1829 in Passy bei Paris), der vor allem republikanische Hymnen und festliche Bläsermusiken schrieb. Von seinen zahlreichen Blasorchesterwerken erinnern wir hier nur an seine »Symphonie militaire« in F-Dur (1793), seine »Ouverture classique« in C-Dur (1794), seine »Symphonie« in C-Dur (1794) und an seine »Hymne à l'Être suprème pour Tenor solo, chœur et Orchestre Harmonique«. Gossec komponierte aber auch eine große Zahl an Militär-, Prozessions- und Trauermärschen. Sein »Marche lugubre« (1790/91) ist beispielsweise ein äußerst ergreifender Trauermarsch, der dem ganzen 19. Jahrhundert als Modell diente. Zu nennen wären aber auch noch sein »Marche religieuse«, sein »Marche Funèbre Es« sowie der »Marche victorieuse F«.

Dass auch Luigi Cherubini (1760 in Florenz – 1842 in Paris) eine ganze Reihe Blasorchesterwerke schrieb, ist im Laufe der Zeit in Vergessenheit geraten. Es finden sich dabei vor allem Hymnen wie zum Beispiel »Hymne du Panthéon« (1794), »Hymne et marche funèbre pour la mort du général Hoche« (1795), »Hymne à la victoire« (1796), »Hymne funèbre« (1797) und Märsche wie beispielsweise »Marche pour la musique de la garde nationale« (1814), »Une Marche pour instruments à vent« (1808), »Deux Marches pour instruments à vent« (1800) sowie der »Marche pour instruments à vent pour Baron de Braun« (1803).

Sowohl bläserische Kammermusik als auch Blasorchesterwerke sind auch von François Devienne (1759 in Joinville – 1803 in Charenton-Saint-Maurice) überliefert. Prächtig ist seine »Ouverture pour instruments à vent« Nr. 7 aus dem Jahre 1794. Eine Legrand-Vertonung im Stile Gossecs ist sein Hymnus »Le Chant du retour« für Gesang und Harmoniemusik. In den Jahren 1798 und 1801 entstanden seine »Douze Suites d'Harmonies de l'Amour filial« für 2 kleine Flöten, 2 Klarinetten, 2 Hörner und 2 Fagotte, die aus acht bzw. zwölf Sätzen bestehen.

Typische Revolutionsmusik sind auch die Werke »Le Chant du Retour« für gemischten Chor und Blasorchester sowie »Le Chant du Départ« für Sologesang, Chor und Blasorchester von Étienne-Nicolas Méhul (1763 in Givet/Ardennes – 1817 in Paris). Ein schönes, konzertantes Musikstück ist Méhuls »Ouverture pour instruments à vent« aus dem Jahre 1794. Leider fanden mehrere seiner Märsche keine Verbreitung, da sie bis heute nur als Manuskript vorliegen.

Louis Emmanuel Jadin (1768 in Versailles – 1858 in Paris), der Musikpage Ludwigs XVI., trat 1792 als Musiker der »Garde Nationale« bei und schrieb in der Folge verschiedene Werke für Bläser und Blas-

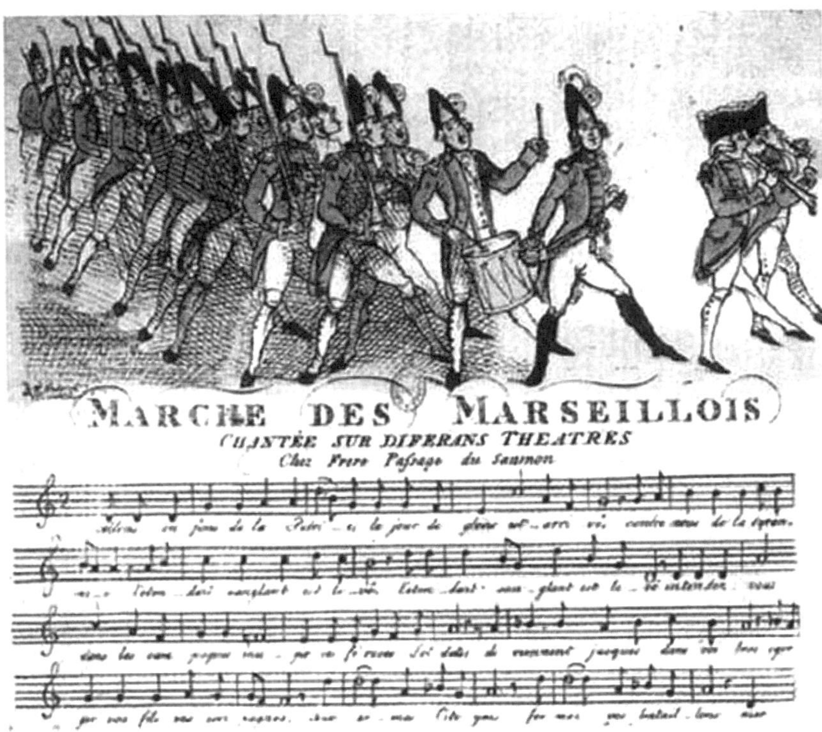

Abb. 11: Die Marseillaise, Nationalhymne der Französischen Republik

orchester. Von seinen Werken für Blasorchester wollen wir seine »Symphonie pour instruments à vent« aus dem Jahre 1794 nicht vergessen. Im selben Jahr komponierte er auch eine »Ouverture in C« und ein Jahr später eine »Ouverture in F«. Auch mehrere Märsche für Blasorchester stammen aus Jadins geübter Notenfeder.

Da Matthieu Frédéric Blasius (1758 in Lauterbourg/Elsass – 1829 in Versailles) selbst ein hervorragender Klarinettist war, schrieb er nicht nur eine große Zahl an Trios, Quartetten und Quintetten für Blasinstrumente, sondern auch eine ansprechende »Ouverture« (1794) sowie drei Suiten für die damalige Blasorchesterbesetzung.

Charles-Simon Catel (1773 in L'Aigle – 1830 in Paris) hat mit den in der Folge aufgezählten Kompositionen der Blasmusikpflege seiner Zeit geradezu ein Denkmal gesetzt. Zu seinen Hauptwerken zählen die »Ouverture« in C-Dur (1792), die »Ouverture« in F-Dur (1794), die »Symphonie militaire« (1794), die »Symphonie« (1795) und eine ganze Reihe von Märschen.

Schließlich nennen wir noch die »Marches militaires« von Henri Montan Berton (1767 in Paris – 1844 ebenda), welche 1795 für das Musikkorps der Garde Nationale komponiert wurden, sowie die »Six Walses et une Anglaise pour 2 clarinets, 2 cors et 2 bassons« von André-Frédéric Eler (1764 im Elsass – 1821 in Paris), der auch eine »Ouverture« für Blasorchester geschrieben hat.

Eine umfangreiche wissenschaftliche Abhandlung über das Thema »Band Music of the French Revolution« verfasste David Whitwell in englischer Sprache und veröffentlichte sie 1979 als Band 5 in der Reihe »Alta musica« im Verlag Hans Schneider in Tutzing.

Haydn, Mozart, Beethoven und die Blasmusik

Die Klassik in der Musik

Spricht man in der Musik von der Klassik, so meint man die Wiener Klassik – von der Mitte des 18. Jahrhunderts bis um 1820 – mit den Hauptmeistern Haydn, Mozart und Beethoven. Die Klassik als Epoche stellt ein Gleichgewicht zwischen Form und Inhalt, Wollen und Können sowie Emotion und Logos her. Dieses Zeitalter, das anstelle der barocken Polyphonie durch fast volkstümliche Homophonie gekennzeichnet ist, kann als eine Renaissance des klassischen Altertums der Griechen betrachtet werden. Einfache Rhythmik, fanfarenartige Themen und starke Wirkung durch Hauptfunktionen charakterisieren diesen Zeitabschnitt.

Franz Joseph Haydn (1732 in Rohrau/Niederösterreich – 1809 in Wien), der Begründer der Wiener Klassik, dachte beim Verfassen seiner Musik für Bläser natürlich kaum an Blasmusik im heutigen Sinne, sondern vielmehr an blasmusikalische Kammermusik. Von Haydn sind uns eine ganze Reihe »Divertimenti«, »Feldpartien« und »Märsche« überliefert, die heute oft in ganz unterschiedlichen Besetzungen dargeboten werden. Ursprünglich waren sie als Quintette mit 2 Klarinetten, 2 Hörnern und Fagott bis hin zur Harmonie (Bläseroktett mit je 2 Oboen, Klarinetten, Hörnern und Fagotten) besetzt. Diese Harmoniemusiken mit den typischen Doppelbesetzungen wurden aber auch manchmal durch Flöte, Trompete, Serpent und Trommel verstärkt. Bekannte Märsche aus Joseph Haydns Londoner Zeit sind der »March Derbyshire No. 1« (HOB VIII/1), der »March Derbyshire No. 2« (HOB VIII/2) und der Marsch »Prince of Wales« (HOB VIII/3). Als der Musikwissenschaftler Robbins Landon im Jahre 1959 die tschechischen Archivbestände durchforschte, stieß er auf eine Reihe von Bläser-Divertimenti, die von der Haydn-Forschung längst als verloren

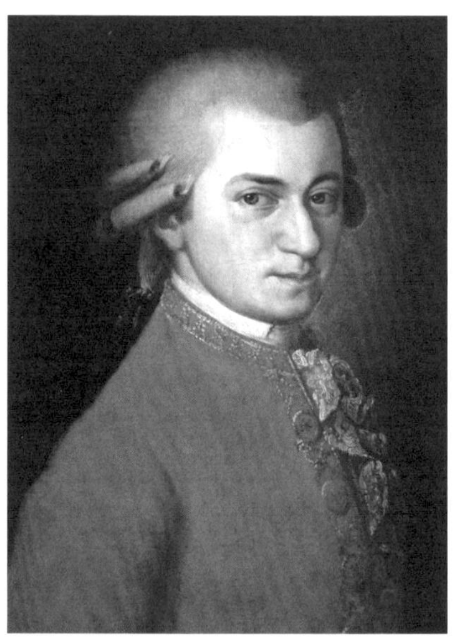

Abb. 12: Wolfgang Amadeus Mozart

angesehen worden waren. Landon veröffentlichte in Wien acht dieser Divertimenti. Das »Divertimento Nr. 4« ist für 2 Klarinetten und 2 Hörner, hingegen alle anderen für 2 Oboen, 2 Fagotte und 2 Hörner geschrieben. Heute gibt es natürlich unzählige Bearbeitungen dieser und anderer Stücke von Joseph Haydn für verschiedene Besetzungen.

Alles, was Wolfgang Amadeus Mozart (1756 in Salzburg – 1791 in Wien) für Bläser schuf, bedeutet einen Höhepunkt in der Musikentwicklung. Die Musik für Bläser gehört zum Heitersten und Strahlendsten all seiner Werke. Das Festliche und Glanzvolle des Bläserklangs sowie die reiche Klangfarbenpalette haben Mozart offensichtlich immer wieder zu neuen Schöpfungen inspiriert. Seien es die frühen »Divertimenti« (KV 159c und 240b) für 2 Flöten, 4 Trompeten und 4 Pauken oder aus dem Jahre 1773 (KV 159b und 159d) für je 2 Oboen, Klarinetten, Englischhörner, Hörner und Fagotte, alle atmen sie einen frischen Geist.

Nahezu Wunder an Klangschönheit sind aber Mozarts drei »Bläserserenaden«. Die siebensätzige »Serenade Nr. 10 in B-Dur« (KV 361), die den Beinamen »Gran Partita« trägt und eine Spieldauer von rund 40 Minuten aufweist, kommt seinen sinfonischen Spätwerken besonders nahe. Sie entstand im Jahre 1780, ist für 13 Blasinstrumente geschrieben und kann – schon wegen des außergewöhnlichen Ausmaßes – als frühe »Originalkomposition für Blasmusik« angesehen werden.

Diese »B-Dur Serenade« ist, neben der »Feuerwerksmusik« von Georg Friedrich Händel, eines der bedeutendsten Werke für Blasinstrumente. An Schönheit unübertrefflich ist das »Adagio« dieser außergewöhnlichen Mozart'schen »Freiluftmusik«.

Die »Serenade Nr. 11 in Es-Dur« (KV 375) ist ein problemloses, galantes Oktett für je 2 Oboen, Klarinetten, Hörner und Fagotte. Hier behält Mozart die traditionelle Fünfsätzigkeit der frühen Bläserdivertimenti wieder bei. Dieses Bläserwerk Wolfgang Amadeus Mozarts trägt schon eindeutig romantische Züge.

Die »Serenade Nr. 12 in c-Moll« (KV 388) gehört nur dem Namen nach zur Gattung der Unterhaltungsmusik. Diese Serenade weist auch die Besetzung des Bläseroktetts auf, aber besitzt gar nichts von der Heiterkeit seiner vorhin genannten »Zwillingsschwester«. Sogar das Schluss-Allegro besteht aus einem düsteren Thema in Moll, das im Anschluss daran sechs Mal variiert wird.

Fast an Militärmusik erinnern die »Six Marches pour harmonies, composées par W. A. Mozart, arrangées par C. A. Göpfert«. Von diesen sechs Märschen sind vier Originalwerke, die zwei anderen stammen aus den Opern »Idomeneo« und »Titus«. Carl Andreas Göpfert (1768 – 1818) richtete die beiden Opernmärsche nach dem Vorbild Mozarts ein und zwar für 2 Oboen, 2 Klarinetten, 2 Hörner, 1 Trompete, 2 Fagotte (das 2. Fagott wurde durch einen Serpent verstärkt) und große Trommel.

Auch vom berühmten Sinfoniker Ludwig van Beethoven (1770 in Bonn – 1827 in Wien) besitzen wir kleinere und größere Originalwerke für Blas- und Schlaginstrumente. Wie Beethoven an Mozart anknüpft, aber trotzdem Eigencharakteristik beibehält, spürt man beim »Sextett« (Werk 71) in Es-Dur für 2 Klarinetten, 2 Hörner und 2 Fagotte aus dem Jahre 1796 fast mit gleicher Intensität wie beim

»Oktett« (Werk 103) in derselben Tonart für je 2 Oboen, Klarinetten, Hörner und Fagotte. »Allegro«, »Andante«, »Menuetto-Allegro« und »Finale-Presto« nennen sich die vier Sätze dieser fast orchestral empfundenen Bläserkomposition. Sein »Rondino« in Es-Dur für die übliche Bläseroktett-Besetzung soll bereits in Beethovens Bonner Zeit als Tafelmusik des Kurfürsten Max Franz erklungen sein.

»Der kämpferischen Natur Beethovens (beeinflusst von der damaligen Zeit: Französische Revolution 1789; ›Kategorischer Imperativ‹ von Immanuel Kant) lagen die Märsche so sehr, dass er, dem Zeitgeist vor der Niederwerfung Napoleons verhaftet, wirkliche ›Marschiermärsche‹ und ›Zapfenstreiche‹ komponierte, von denen der ›Marsch für die böhmische Landwehr‹, ein 2/4tel Geschwindmarsch, der unter ganz verschiedenen Titeln immer wieder den Verlegern vergeblich angeboten wurde, als ›Yorck'scher Marsch‹ unter die preußischen Armeemärsche geriet, obwohl er mit dem Sieg von Wartenburg nichts zu tun hatte« (H. G. Hoke).[10] Beethoven soll diesen Marsch ursprünglich (1809) für seinen Gönner Erzherzog Anton (in F-Dur) komponiert haben. Erst später wurde er von ihm selbst dem Yorck'schen Korps gewidmet (Alessandro Vesella). Die Originalbesetzung dieses Marsches besteht aus folgenden Instrumenten: Pikkoloflöte in F, 2 Oboen, 2 Klarinetten, 2 Corni in F, 2 Fagotte, Tromba in F, Kontrafagott, Triangel, Zinelli sowie kleine und große Trommel.

Einen weiteren Marsch, der im Jahre 1810 entstand, widmete Beethoven der k. k. Majestät Maria Ludovika. Diese Marschkomposition weist folgende Besetzung auf: Pikkoloflöte und große Flöte in F, Pikkoloklarinette in F, Sopranklarinette in C, 2 Hörner in F, 2 Trompeten in F, 2 Fagotte, 2 Kontrafagotte und Batterie. Ferner komponierte Ludwig van Beethoven noch zwei weitere Märsche für Militärmusik (in D-Dur und in C-Dur) sowie eine »Polonaise in D-Dur« (WoO 21), die im Jahre 1810 in Baden bei Wien entstand, und eine »Ecossaise in D-Dur« (WoO 22) aus demselben Jahr. Diese beiden Stücke gehören, nach einer Abschrift aus dem Besitz von Erzherzog Rudolf, als Paar zusammen. Für den bekannten »Wiener Alexandermarsch« und den wunderschönen Marsch »Herzog von Braunschweig« kann die vermutete Autorenschaft Beethovens leider nicht mehr nachgewiesen werden. Dass all diese Kompositionen von Ludwig van Beethoven heute auch in modernen Blasorchester-Fassungen vorliegen, soll hier noch kurz erwähnt werden.

Schubert, Spohr, Weber, Spontini, Meyerbeer, Mendelssohn, Wagner, Bruckner, Rossini, Gounod, Berlioz, Strauss, Donizetti, Ponchielli, Rimski-Korsakow, Prokofjew und die Blasmusik

Die Romantik in der Musik

E. T. A. Hoffmann hat im Jahre 1810 als erster von romantischer Musik gesprochen, indem er die Musik »als die romantischste aller Künste« bezeichnete. Als »Musik der Romantik« (der Begriff Romantik wurde vom altfranzösischen »romance« = Dichtung, Roman abgeleitet) wird jene Tonkunst bezeichnet, die im 19. Jahrhundert vorherrschte. Eines der signifikantesten Merkmale dieser Musik ist die Betonung des gefühlvollen Ausdrucks.

Ein Übergang von der klassischen zur romantischen Klangempfindung zeigt sich im Werk Schuberts. Franz Schubert (1797 in Wien – 1828 ebenda) erreicht durch die Ausnutzung der tiefen Register in seinem Werk »Kleine Trauermusik« eine besondere Wirkung. Dieses Nonett in es-Moll weist ein Instrumentarium von je 2 Klarinetten, Hörnern, Fagotten, Posaunen und Kontrafagott auf. Sein »Oktett in F« für je 2 Oboen, Klarinetten, Fagotte und Hörner besteht lediglich aus einem »Menuetto-Allegretto« und einem »Finale-Allegro«. Diese zwei Sätze entstanden in Schuberts Schulzeit (1813) am Wiener k. u. k. Stadtkonvikt, das er als Chorknabe der kaiserlichen Hofkapelle seit 1808 besuchte. Nicht vergessen wollen wir hier aber noch seine »Deutsche Messe« aus dem Jahre 1827 (Text: Johann Philipp Neumann), die Schubert vorerst als reines Chorwerk mit unterstützender Orgel komponierte. Kurze Zeit später instrumentierte er aber diesen Orgelsatz für je 2 Oboen, Klarinetten, Fagotte, Hörner, Trompeten, 3 Posaunen, Pauken, Orgel und Kontrabass (ad lib.) und ergänzte sie mit einigen Nachspielen. Wahrscheinlich ist es die volksliedhafte Melodik der einzelnen Messteile, die dieser Komposition auch heute noch einen gebührenden Platz einräumt.

Zu den wertvollsten frühen »Originalkompositionen für Blasmusik« zählt das »Notturno« op. 34 von Louis Spohr (1784 in Braunschweig – 1859 in Kassel), das er für Harmonie- und Janitscharenmusik komponierte. Dieses Werk für Flöte, 2 Oboen, 2 Klarinetten, 2 Fagotte, Kontrafagott, 4 Hörner, 2 Trompeten, Kontrabass und Schlaginstrumente widmete Spohr Günther Friedrich Carl, Fürst von Schwarzburg, und komponierte es zwischen 1815 und 1820. Spohr hinterließ aber auch noch einen »Festmarsch« für Blasorchester (1825) und einen »Fackeltanz für 53 Trompeten und vier Pauken«, ebenfalls aus dem Jahre 1825.

Der Komponist der Oper »Freischütz«, Carl Maria von Weber (1786 in Eutin – 1826 in London), komponierte im Jahre 1806 einen »Tusch für zwanzig Trompeten«, 1812 einen »Walzer in F-Dur« (für Oktett), in dessen Trio er sein Lied »Maienblümlein« verwendet, und 1822 eine »Marcia vivace für zehn Trompeten«. Sein »Marsch für Harmoniemusik« für zwölf Blasinstrumente ist 1826 entstanden. Eine Besonderheit dieser Art ist auch sein »Concertino für Oboe und Bläser« in C-Dur aus dem Jahre 1809 mit einer Besetzung von Flöte, 4 Klarinetten, 2 Fagotte, 2 Hörner, Trompete, Posaune und Kontrabass.

Des Weiteren komponierte Carl Maria von Weber eine beachtliche Zahl an Liedern für Chor und Blasinstrumente. Dazu gehören sein »Grablied« für 1., 2. Tenor und Bass mit neun Blasinstrumenten, seine »Trauermusik« für gemischten Chor, Baritonsolo und zehn Blasinstrumente, der »Kriegs-Eid« für einstimmigen Männerchor mit Begleitung von 2 Trompeten, 3 Hörnern, Fagott und Bassposaune, die Musik zu »Du holder Rautenzweig« (1819) für gemischten Chor, 2 Flöten,

2 Klarinetten und 2 Fagotte sowie die Liedschöpfungen »Hörst du die Klage« (1811) und »Wir stehen vor Gott« (1812).

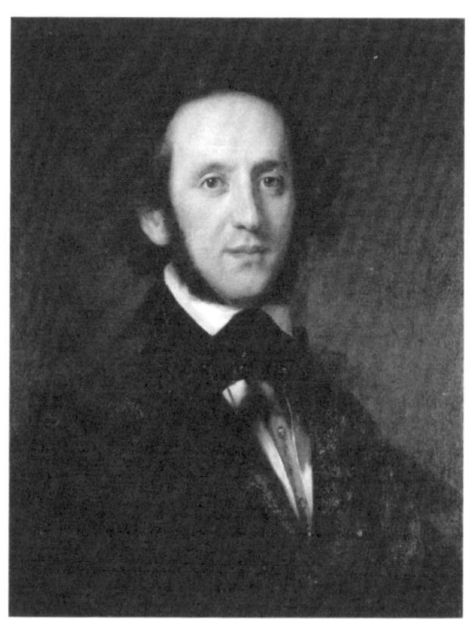

Abb. 13: Felix Mendelssohn Bartholdy

Im Jahre 1820 wurde Gaspare Spontini (1774 in Maiolati – 1851 ebenda) von Friedrich Wilhelm III. nach Berlin berufen und wurde dort »Preußischer Generalmusikdirektor«. Dies war auch der Anlass, wofür der italienische Meister die »Preußische Hymne« und mehrere Werke, darunter den »Sieges- und Festmarsch«, für Harmoniemusik komponierte. Von seinen Opern wurden die verschiedensten Ausschnitte für Militärmusik gesetzt. A. Dörffeld und G. A. Schneider schufen mit den Transkriptionen Spontinis die ersten wirklich farbenprächtigen Partituren für Blasorchester. Diese Partituren wiesen eine Besetzung von 2 Pikkoloflöten, 2 Querflöten, 4 Klarinetten (2 Pikkoloklarinetten und 2 C-Klarinetten), 2 Oboen, 2 Bassetthörnern, 2 Fagotten, 2 Kontrafagotten, 4 Hörnern, 3 Posaunen, 2 Basshörnern, kleiner Trommel, Triangel, Schellentrommel, Becken und großer Trommel auf. Spontini selbst bearbeitete die Orchesterwerke »Gran Bacchanal« und »Les Danaides« für Blasorchester. Seine Kompositionen »Voici le Roi, française fideles« ließ er von E. Gebauer für Blasorchester einrichten.

Der Nachfolger Spontinis als Preußischer Generalmusikdirektor, Giacomo Meyerbeer (1791 in Berlin – 1864 in Paris), schrieb neben seinen bekannten »Fackeltänzen« auch noch einen »Militärmarsch«. Die vier Fackeltänze sind ein typisches Beispiel für prunkvolle Gebrauchsmusik, die am Berliner Hof, wo Meyerbeer ab 1842 bedienstet war, ihre Uraufführung fanden. Giacomo Meyerbeer, der Generalmusikdirektor von Friedrich Wilhelm IV., schrieb die Musik zu den Fackeltänzen für Hochzeiten und andere große Festlichkeiten des Berliner Hofes. Der erste und gleichzeitig meistgespielte Tanz entstand im Jahre 1844, der zweite 1850, der dritte 1853 und der vierte in C-Dur, der die englische Nationalhymne enthält, im Jahre 1858. Diese marschmäßigen Werke wurden auf Gutheißen des Komponisten von Wilhelm Wieprecht und Wilhelm Mohr für Militärmusik eingerichtet und bilden, da sie von Sinfonieorchestern kaum mehr gespielt werden, einen wichtigen Bestandteil der originalen Blasorchesterliteratur (nach A. Vessella). Zu Schillers 100. Geburtstag im Jahre 1859 schrieb Meyerbeer einen sehr wirkungsvollen »Festmarsch«.

Als 15-Jähriger verbrachte Felix Mendelssohn Bartholdy (1809 in Hamburg – 1847 in Leipzig) mit seinem Vater 1824 einen Kuraufenthalt in Bad Doberan an der Ostsee, wo er das dortige Kurorchester, eine Bläserharmonie mit elf Instrumenten, hörte und dafür spontan ein »Notturno« komponierte. 14 Jahre später bot Mendelssohn eine auf 23 Bläser und Schlagzeug erweitere Fassung dieses Stücks mit der Bezeichnung »Ouvertüre für Harmoniemusik« in C-Dur op. 24 seinem Verleger Simrock zum Druck an. Dieses in der klassischen Sonatenhauptsatzform gestaltete Werk ist auch heute noch ein ganz wichtiges Beispiel einer frühen Originalkomposition für Blasorchester. Im Gedenken an August Joseph Norbert Bürgmüller (1810 in Düseldorf – 1836 in Aachen) – einem hochbegabten Musiker seiner Zeit – schrieb Mendelssohn in Leipzig einen »Trauermarsch« mit der Opuszahl 103, der bei dessen Beerdigung 1836 erstmals erklang. Auch seine Kantate »An die Künstler« (Schiller) op. 68, die Felix Mendelssohn Bartholdy 1846 schuf, muss hier genannt werden, da sie ursprünglich für Männerchor und Blasorchester geschrieben wurde.

Wer bei dieser Aufzählung nicht fehlen darf, ist natürlich Richard Wagner (1813 in Leipzig – 1883 in Venedig). Er schrieb im Jahre 1864 einen weit ausladenden »Huldigungsmarsch« mit einer Spieldauer von rund sechs Minuten und widmete ihn seinem großen Mäzen Ludwig II., dem damals 18-jährigen König von Bayern. Wagner ließ diesen »Huldigungsmarsch« bei der Grundsteinlegung seines Festspielhauses am 22. Mai 1872 in Bayreuth ein weiteres Mal erklingen. Über Motive aus der Oper »Euryanthe« von Carl Maria von Weber schrieb dieser große Romantiker 1844 auch eine »Trauersinfonie« mit dem Titel »An Webers Grab« für Männerchor, Bläser und Trommeln. Ob die Bezeichnung »Trauersinfonie« von Wagner selbst stammt, lässt sich heute nicht mehr nachweisen. Wagner selbst bemerkte in einem Schreiben, dass er zur Aufführung dieser Komposition 80 ausgewählte Blasinstrumente benötige.

Neben dem Meisterwerk geistlicher Musik, der »Messe Nr. 2 in e-Moll« (1866) für achtstimmigen gemischten Chor und Blasorchester (2 Oboen, 2 Klarinetten, 2 Fagotte, 4 Hörner, 2 Trompeten und 3 Posaunen) komponierte Anton Bruckner (1824 in Ansfelden/Oberösterreich – 1896 in Wien) im Jahre 1847 auch noch »Aequale für drei Posaunen«. Eindeutig zur Gattung der Blasmusik zählt sein »Marsch in Es-Dur«, den er 1865 der »Militär-Kapelle der Jägertruppe in Linz« widmete. Dieser Marsch weist eine Besetzung von 2 Flöten, 4 Klarinetten, 2 Flügelhörner, 3 Eufonien, 4 Hörner, 6 Trompeten, 3 Posaunen, große und kleine Trommel aus. Die Autorenschaft Bruckners für die unter dem Namen »Apollomarsch« veröffentlichte Marschkomposition ließ sich nicht eindeutig nachweisen. Ein Blasorchester als Begleitapparat verlangt Anton Bruckner auch bei den beiden Kantaten »Auf, Brüder, auf! Und die Saiten zur Hand!« (1855) und »Preiset den Herrn« (1862).

Auch der bekannte italienische Opernkomponist Gioachino Rossini (1792 in Pesaro – 1868 in Paris-Passy) schuf Originalwerke für Blasorchester. Als Werke für diese Besetzung seien hier »La Corona d'Italia«, ein Scherzo aus dem Jahre 1868, ein »Passo doppio per banda militare« (1822), drei Märsche für die Hochzeitsfeier des Herzogs von Orléans (1837), eine »Marcia« (oder »Pas redoublé«) für den türkischen Sultan Abdul Medjid (1852) sowie eine »Marcia militare« aus dem Jahre 1853 genannt. Der letztgenannte Marsch wurde 1896 von der »Banda Municipale di Roma« bei der Hochzeit Victor Emanuels III. mit nicht weniger als 350 Musikern dargeboten.

Die »Petite Symphonie« in B-Dur op. 90 von Charles Gounod (1818 in Paris – 1893 ebenda) hat ihre Wiedererweckung eindeutig verdient. In einer Spieldauer von 20 Minuten gibt sie allen Ausführenden die Möglichkeit, sich solistisch oder chorisch von der besten Seite zu zeigen. Ihre Besetzung besteht aus Flöte, 2 Oboen, 2 Klarinetten, 2 Fagotten und 2 Hörnern. Im Beisein des Komponisten erlebte dieses Nonett am 30. April 1885 im Pariser Pleyel-Saal seine Uraufführung. Für die vollständige Besetzung eines Blasorchesters schrieb Gounod im Jahre 1867 einen »Marche pour le 12ème Hussards«.

Eine ganz besondere Stellung nimmt Hector Berlioz (1803 in Côte-Saint-André/Dauphiné – 1869 in Paris) ein, da er nicht nur ein gewichtiges Originalwerk für Blasorchester, sondern auch ein Werk mit vier Blechblasorchestern geschrieben hat. Zur Einweihung der Siegessäule (1840) komponierte er die »Symphonie funèbre et triomphale« op. 15 für großes Blasorchester. Erst zwei Jahre später ergänzte Berlioz diese Partitur mit einem gemischten Chor und Stimmen für Streichinstrumente. Dieses Werk kann daher heute in vier Fassungen dargeboten werden: nur Bläser, Bläser und Streicher, Bläser und Chor, Bläser, Streicher und Chor. Ein anderes Werk aus der Feder Berlioz' ist sein Requiem »Grande Messe des Morts« aus dem Jahre 1837 für die Beisetzung des Generals Damrémont im Invalidendom. Bei dieser Komposition forderte Berlioz neben einem Riesenorchester und einem dementsprechenden Chor (mindestens 210 Sängerinnen und Sänger) noch stellenweise vier Blechblasorchester, die zur Darstellung des »Jüngsten Gerichts« als Fernorchester in den vier Himmelsrichtungen aufzustellen sind. Das Ausmaß dieses Klangkörpers lässt sich erahnen, wenn man bedenkt, dass nicht weniger als 16 Pauken zum restlichen Schlagzeug obligat besetzt sind.

Der große Spätromantiker Richard Strauss (1864 in München – 1949 in Garmisch) kam vielleicht gerade durch die Schaffung seiner beiden ersten Bläserwerke schon früh zu künstlerischem Ansehen. 1881 komponierte er für die Bläser der Dresdner Hofkapelle die einsätzige »Serenade in Es-Dur« op. 7 für je 2 Flöten, Oboen, Klarinetten, Fagotte, 4 Hörner und Kontrafagott. 1884 schuf er für dasselbe Ensemble die »Suite in B-Dur« op. 4 mit der gleichen Besetzung von 13 Bläsern. Beide Werke bestechen durch ihre geistreiche Musik, aber auch durch ihren glanzvollen Bläserklang. Wie in seiner Jugend, so beschäftigte sich Richard Strauss auch noch im hohen Alter mit Bläserwerken. Erst 1943 entstand seine »Erste Sonatine in F-Dur« (»Aus der Werkstatt eines Invaliden«) für 16 Blasinstrumente und zwei Jahre später die »Zweite Sonatine in Es-Dur« mit dem Untertitel »Fröhliche Werkstatt«, auch wieder für 16 Bläser. Zu diesem zweiten Werk, das auch als »Symphonie in Es-Dur« bekannt wurde, bemerkte der Komponist Folgendes: »Am Ende eines dankerfüllten Lebens den Manen des göttlichen Mozart gewidmet«. Die »Zweite Sonatine« erlebte in Winterthur am 25. März 1946 unter Hermann Scherchen ihre Uraufführung. Prunkvoll ist die »Festmusik für den Trompetenchor der Stadt Wien« aus dem Jahre 1943. Ein einmaliges Originalwerk für Blechbläser und Pauken schenkte Strauss der Nachwelt mit seinem »Feierlichen Einzug der Ritter des Johanniterordens« im Jahre 1909. Herrliche Blechbläsermusiken sind auch die »Fanfare für die Wiener Philharmoniker« (1924) und die »Wiener Rathausfanfare« aus demselben Jahr. Richard Strauss bearbeitete aber auch mehrere in Vergessenheit geratene Parademärsche: hier nennen wir nur den »Parademarsch des Regiments Königsjäger zu Pferd« und den »Parademarsch für Kavallerie«, beide aus dem Jahre

1905. Der »Brandenburgische Marsch« (1905/1906) soll hier auch noch erwähnt werden. Auch der »Bardengesang« (Text: Fr. G. Klopstock) op. 55 (1909) muss, da er die Besetzung von drei Männerchören und Blasorchester aufweist, hier erwähnt werden.

Auch Gaetano Donizetti (1797 in Bergamo – 1848 ebenda), der unter den italienischen Opernkomponisten zwischen Rossini und Verdi anzusiedeln ist, schrieb Blas- und Bläsermusik. Noch in seiner Studienzeit entstand seine heitere, einsätzige »Sinfonia in g-Moll« für Flöte, je 2 Oboen, Klarinetten, Hörner und Fagotte. 1835 komponierte er gleich »Drei Märsche« für die Blaskapelle des türkischen Sultans Abdul Medjid Khan. Für denselben Auftraggeber entstand im Jahre 1840 die »Gran marcia militare imperiale«. Ebenfalls im Jahre 1840 komponierte Gaetano Donizetti auch noch seine »Marcia militare«, diesmal aber für die bergamaskische Musikkapelle Francescos. Auch einen »Trauermarsch« steuerte er im Jahre 1842 dem Repertoire des Blasorchesters bei.

Vom italienischen Theaterkapellmeister und Opernkomponisten Amilcare Ponchielli (1834 in Paderno bei Cremona – 1886 in Mailand), der selbst die Stadtkapellen von Piacenza (1861 – 1864) und Cremona (1864 – 1874) dirigierte, gibt es weit mehr als 100 Werke, die er für Blasorchester komponiert oder arrangiert hat. Das bekannteste dieser Werke ist sicherlich sein »Milano-Marsch«. Zu den wichtigsten Originalkompositionen aus der Feder Ponchiellis zählen aber die »Sinfonia in Si bem. minore« op. 153 (1872), die »Fantasia militare« (1863), das »Concerto per Tromba in Fa e Banda« op. 123 (1866), das »Concerto per Cornetta e Banda« op. 198 (1867), der Trauermarsch »Alla memoria di mio padre«, das »Capriccio per Oboe e Banda« (undatiert), das »Concerto per Flicorno Tenore e Banda« (1872), das Doppelkonzert »Il convegno, Divertimento per due Clarinetti e Banda« (1868), die Elegie »Sulla tomba di Garibaldi« (1882) und die »Marcia Principe Umberto« op. 124 aus dem Jahre 1866.

Nikolai Rimski-Korsakow (1844 in Tichwin bei St. Petersburg – 1908 in Ljubensk bei Luga), der selbst als Militärkapellmeister der russischen Marine angehörte, schrieb mehrere Werke für Blasorchester. Er hatte als Marineleutnant die Welt umsegelt und dabei Eindrücke gewonnen, die ihn zum farbenprächtigsten Instrumentator machten, den Russland hervorgebracht hat. Im Jahre 1878 entstanden unter seiner Feder die Variationen über Glinkas »Was, du junge Schöne« für Oboe und Blasorchester und das dreiteilige »Konzertstück in Es-Dur« für Klarinette und Blasorchester. Bereits im Jahre 1877 schrieb er sein bekanntes und vielgespieltes »Konzert für Posaune und Kapelle«. Auch dieses Werk ist dreiteilig, wird aber attacca, das heißt ohne Unterbrechung, dargeboten. Mit einer Spieldauer von über zehn Minuten ist es das längste unter den drei Geschwistern. Rimski-Korsakow schrieb auch noch ein »Notturno« für 4 Hörner. Im Jahre 1873 schied er zwar aus dem Militärdienst aus, blieb aber bis 1884 Inspektor aller russischen Marinekapellen.

Von Sergei Prokofjew (1891 in Jekaterinoslaw – 1953 in Moskau) besitzen wir nicht nur die patriotische Kantate op. 69 zum 20. Jahrestag der Oktober-Revolution für 2 Chöre, Militärkapelle, Akkordeon und Schlagzeug nach Texten von Marx, Lenin und Stalin, sondern auch mehrere Märsche. In den Jahren 1935 bis 1937 schrieb er vier Märsche für Blasorchester mit der Opuszahl 69: Nr. 1 »Marsch für die Spartakiade in B-Dur«; Nr. 2 »Lyrischer Marsch in F-Dur«; Nr. 3 »Militärmarsch in B-Dur«; Nr. 4 »Kavalleriemarsch« (mit Chor ad. lib.). Hierher gehört auch der »Marsch in As-Dur« op. 89 aus dem Jahre 1941 und vor allem der besonders beliebte »Marsch in B-Dur« op. 99, den er in den Jahren 1943/44 in den USA komponierte.

Das Bläserquintett

»Klassische« Kammermusik für Bläser

Der Begriff »Bläserquintett« bezeichnet sowohl das Ensemble als auch die entsprechende Komposition. Obwohl es viel mehr Streichquartette als Bläserquintette gibt, kann man doch sagen: Was für die Streichmusik das klassische Streichquartett bedeutet, das bedeutet für die Blasmusik das romantische Bläserquintett, das übrigens auch als »klassisches Bläserquintett« oder »klassisches Holzbläserquintett« bezeichnet wird.

Das kammermusikalische Schaffen des 19. Jahrhunderts ist bestimmt durch die Neuformung des Bläserquintetts, das sich aus Flöte, Oboe, Klarinette, Horn und Fagott zusammensetzt. »Horn und Fagott besetzen die Tenor- und Bass-Lage und sind die geeigneten Harmonieträger, von denen sich das solistische Spiel der oberen Holzbläser abhebt. Die freie Beweglichkeit des Ventilhorns ermöglicht alle Variationen der fünf Farben« (G. Karstädt).[11] Das Bläserquintett ist eigentlich nur eine Erweiterung der Besetzung des (Holz-)Bläserquartetts durch das Horn.

Das allererste erhaltene Bläserquintett schrieb der italienische Komponist und Violinist Giuseppe Cambini (1746 in Livorno – 1825 in Bicêtre bei Paris) zwischen 1797 und 1799. Von der großen Zahl der Werkgattung Bläserquintett komponierte allein Anton Reicha (1770 in Prag – 1836 in Paris) 24 Stück. Diese Bläserquintette gehören zum Wertvollsten, was er an Kammermusik komponiert hat. Von Reicha besitzen wir weiterhin noch 24 Horntrios, 24 Flötenduos und ein sehr ansprechendes Quartett für vier Flöten. Da die Bläserquintette Reichas zahlreichen anderen Komponisten als Vorbild dienten, wird er nicht selten als »der Vater des Bläserquinetts« apostrophiert. Von Franz

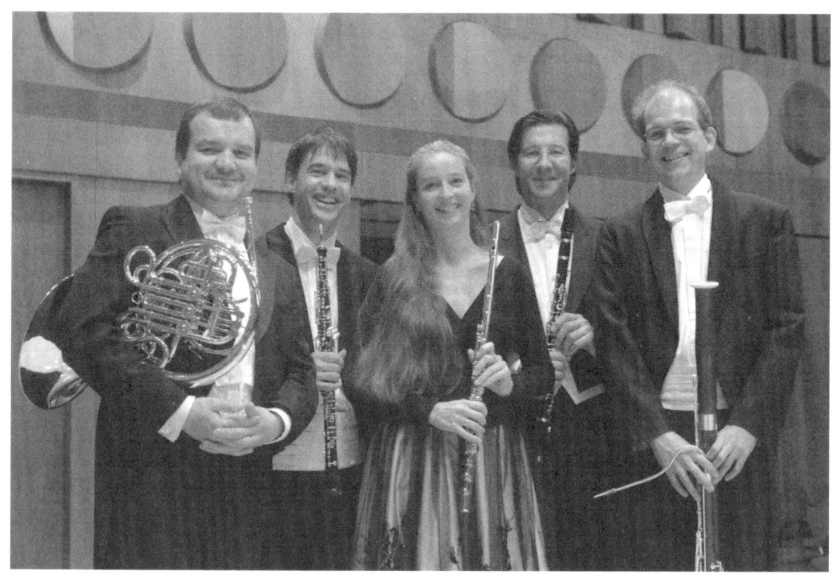

Abb. 14: Das Gewandhaus-Bläserquintett

Danzi (1763 in Mannheim – 1826 in Karlsruhe), der in den Jahren 1820 bis 1824 neun Bläserquintette schrieb, wurden vor allem jene in g-Moll op. 56 und in e-Moll op. 67 bekannt, die als »harmonische Delikatessen« bezeichnet werden können. Das Bläserquintett von August Klughardt (1847 in Köthen – 1902 in Dessau) und jenes in As-Dur op. 23 von Erwin Lendvai (1882 in Budapest – 1949 in London) sind hingegen voller musikalischer Lebendigkeit. Durch klare Formgestalt und melodiebetonten Inhalt zeichnet sich hingegen das in gleicher Besetzung geschriebene Werk von Theodor Blumer (1882 in Dresden – 1964 in Berlin) aus. Hermann Zilcher (1881 in Frankfurt/Main – 1948 in Würzburg) gab seinem op. 92 für Flöte, Oboe, Klarinette, Horn und Fagott den Titel »Die Jahreszeiten«. Neben seinem »Pièce symphonique« (für Klavier und Blasorchester) und dem »Saxophon-Quartett« komponierte Joseph Jongen (1873 in Lüttich – 1953 in Sart-lez-Spa) auch zwei reizvolle Bläserquintette. Hier dürfen auch das c-Moll-Quintett op. 30 von Siegfried Karg-Elert (1879 in Oberndorf/Neckar – 1933 in Leipzig) sowie das Bläserquintett in B-Dur op. 28 von Heinrich Kaspar Schmid (1874 in Lindau/Isar – 1953 in Dachau) nicht vergessen werden. Von dänischer Folklore inspiriert ist das Bläserquintett op. 43 von Carl Nielsen (1865 bei Odense/Dänemark – 1931 in Kopenhagen). Auch der Vertreter der Schumann-Brahms-Richtung, Julius Röntgen (1855 in Leipzig – 1932 in Utrecht), und dessen Quintett oder das fünfstimmige Bläserwerk gleicher Besetzung Johann Sobecks (1831 in Luditz/Böhmen – 1914 in Hannover) dürfen bei dieser Betrachtung nicht unerwähnt bleiben.

Nicht nur in der Epoche der Romantik, sondern auch in der darauffolgenden Zeit erfährt die Kompositionsgattung des Bläserquintetts eine besondere Pflege: Paul Hindemiths (1895 in Hanau – 1963 in Frankfurt/Main) »Kleine Kammermusik für fünf Bläser« (Werk 24 Nr. 2) mit Quintett-Besetzung ist eine fünfsätzige, an die Vorklassik erinnernde Tanzsuite. »Heitere Musik für fünf Blasinstrumente« (1942) heißt das melodiefreudige Werk von Ottmar Gerster (1897 in Braunfels – 1969 in Borsdorf bei Leipzig). Hans Brehme (1904 in Potsdam – 1957 in Stuttgart) vereint in seinem Quintett temperamentvolles Musizieren mit architektonischer Strenge. Auch Arnold Schönberg (1874 in Wien – 1951 in Los Angeles) schrieb 1924 ein gedanklich ungeheuer kompliziertes Bläserquintett. Nicht nur die »Trois pièces brèves« für Flöte, Oboe, Klarinette, Horn und Fagott, sondern auch ein »Concerto« für Violoncello und Bläserensemble schrieb der bekannte französische Komponist Jacques Ibert (1890 in Paris – 1962 ebenda). Ein Bläserquintett in zeitgenössischer Tonsprache komponierte auch Daniël Ruyneman (1886 in Amsterdam – 1963 ebenda). An Bachs Polyphonie erinnert die gleichartige Komposition von Hans Helmuth Chemin-Petit (1902 in Potsdam – 1981 in Berlin).

Von den fast unzähligen Komponisten, die Werke für die Besetzung des Bläserquintetts schufen, seien hier noch folgende aufgelistet:

- Malcolm Arnold: »Bläserquintett« op. 2
- Samuel Barber: »Summer Music« op. 31
- Luciano Berio: »Opus Number Zoo« für Lautsprecher und Bläserquintett
- Cesar Bresgen: »Salzburger Divertimento«
- Thomas Christian David: »Bläserquintett« und »Serenade für Bläserquintett«
- Roy Douglas: »Dance caricatures«
- Helmut Eder: »Bläserquintett« op. 25
- Ferenc Farkas: »Antiche Danze Ungheresi« und »Bläserquintett-Serenade«
- Jean Françaix: »Bläserquintett« Nr. 1
- Peter Racine Fricker: »Bläserquintett« op. 5
- Harald Genzmer: »Bläserquintett«
- Reinhold Glière: »Bläserquintett«
- Tuomas Hannikainen: »Pastorale«
- Hans Werner Henze: »Bläserquintett«
- Lutz-Werner Hess: »Quintetto sereno«
- Paul Höffer: »Quintett über ein Thema von Beethoven« (1947)
- Klaus Huber: »Drei Sätze in zwei Teilen«
- Bertold Hummel: »Bläserquintett« op. 22
- Paul Juon: »Quintett«
- Pál Kadosa: »Bläserquintett« op. 49a
- Paul Kont: »Bläserquintett in Memoriam Franz Danzi«
- Viktor Korda: »Divertimento«
- Wlodzimierz Kotoński: »Bläserquintett«
- Wolfgang Leder: »Suite für fünf Bläser«
- György Ligeti: »Zehn Stücke für Bläserquintett«
- Fred Lohse: »Quintett«
- Riccardo Malipiero: »Musica da camera«
- Erich Marckhl: »Sonate für Bläserquintett«
- Peter Mieg: »Bläserquintett«
- Darius Milhaud: »Divertissement für Bläserquintett«

- Finn Mortensen: »Bläserquintett« op. 4
- Hugo Placheta: »Divertimento« op. 8
- Quincy Porter: »Divertimento«
- Priaulx Rainier: »Six Pieces«
- Maurice Ravel: »Pièces en forme de Habanera«
- Wallingford Riegger: »Bläserquintett« op. 51
- Vittorio Rieti: »Bläserquintett«
- Konrad Roetscher: »Bläserquintett« op. 41
- Karl Schiske: »Bläserquintett« op. 24
- Gunther Schuller: »Bläserquintett«
- Norbert Sprongl: »Bläserquintett« op. 90
- Sigmund Hans Storp: »Kammermusik für fünf Bläser«
- Endre Szervánszky: »Bläserquintett Nr. 1 und 2«
- Jenő Takács: »Eine kleine Tafelmusik« op. 74
- Ernst Ludwig Uray: »Musik für Bläserquintett« (1962)
- Gottfried Veit: »Variationen für Bläserquintett« (2002)
- Alain Weber: »Bläserquintett«
- Egon Wellesz: »Suite für Bläserquintett« op. 73
- Hans Zender: »Bläserquintett« (1950)

Die Transkription

Blasmusik aus zweiter Hand

Der Begriff »Transkription« (lat.: trans-scribere = umschreiben) hat in der Musikwissenschaft mehrere Bedeutungen. Da kann zum einen die Umschreibung von einer Notenschrift in eine andere gemeint sein, zum anderen aber auch die Übertragung eines Werks von einer Besetzung in eine andere. Die Umgestaltung etwa eines Klavierstücks in eine Orchesterfassung nennt man Instrumentation oder Orchestrierung. Manchmal ist aber auch von Arrangement oder Bearbeitung die Rede.

Im Bereich der Blasmusik meint man mit Transkription am häufigsten das Umschreiben einer Komposition für Sinfonieorchester für die Besetzung des Blasorchesters. Fast könnte man in diesem Zusammenhang von einem Zeitalter der Transkription sprechen, da die Blasorchester im 19. Jahrhundert, aber auch noch Anfang des 20. Jahrhunderts fast ausschließlich auf Transkriptionen angewiesen waren. Die wenige Originalmusik für Blasorchester bestand damals fast ausschließlich aus Märschen und Tänzen.

Natürlich sehen Puritaner in der Transkription nichts anderes als »Musik aus zweiter Hand«. Betrachtet man dieses Phänomen aber einmal im Kontext seiner Zeit, dann bekommt diese Musikgattung einen fast völlig anderen Stellenwert. Wolfgang Suppan schrieb einmal über dieses viel diskutierte Thema: »Es wird heute viel auf diese Bearbeitungen und Transkriptionen des 19. Jahrhunderts geschimpft. Wohl zu Unrecht. Eine große Heeresmusik hatte damals höheres Niveau als manches Opernorchester... Bearbeitungen hatten im 19. Jahrhundert durchaus ihren Sinn und ihre Berechtigung. Damals gab es ja keinen Rundfunk, keine Schallplattenindustrie, kein Fernsehen. Allein durch die Blaskapellen sind bedeutende Werke unserer klassischen und romantischen Meister ins Dorf gekommen.«[12]

Dass sogar Wolfgang Amadeus Mozart Transkriptionen seiner Werke vornahm, geht aus einem Brief an seinen Vater vom 20. Juli 1782 hervor. In diesem Schreiben berichtet er ihm, dass er die »Entführung« (KV 384) für Harmoniemusik bearbeiten wolle und schreibt dazu wörtlich: »Nun habe ich keine geringe arbeit. – bis Sonntag acht tag muß meine Opera auf die harmonie gesetzt seyn – sonst kommt mir einer bevor – und hat anstatt meiner den Profit; und soll nun eine Neue Sympfonie auch machen! – wie wird das möglich seyn! – sie glauben nicht wie schwer es ist so was auf die harmonie zu setzten – daß es den blaßinstrumenten eigen ist, und doch dabey nichts von der Wirkung verloren geht«.[13]

Zur Zeit Mozarts war es nicht nur Mode, bekannte Opernausschnitte für Harmoniemusik zu setzen, es war obendrein auch noch ein lukratives Geschäft. Meist waren es herausragende Bläser, die sich damals mit der Transkription für Bläserensembles beschäftigten. Zwei besonders bekannte Arrangeure für Harmoniemusik der Mozart-Zeit waren beispielsweise der Wiener Hautboist Johann Nepomuk Wendt (1745 – 1801) und der als Leiter der Wiener »Harmonie-Tafelmusik« wirkende Oboenvirtuose Johann Georg Triebensee (1746 – 1813).

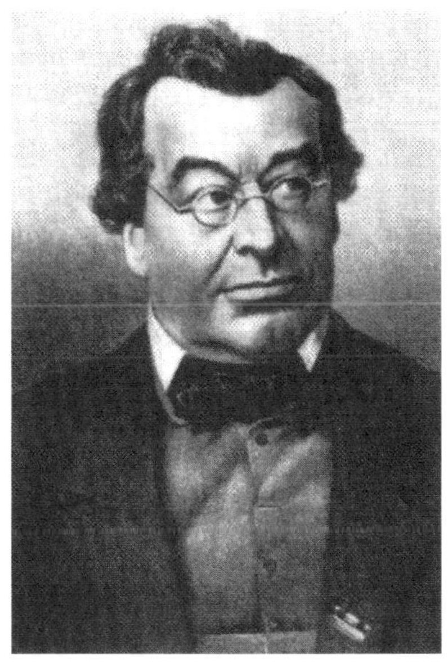

Abb. 15: Wilhelm Friedrich Wieprecht

Einen Mangel an Originalkompositionen für Blasorchester hatte das 19. Jahrhundert nicht zuletzt auch dadurch, dass es an den spezifischen Kenntnissen der Komponisten im damaligen Neuland »Blasmusik« fehlte. Nikolai Rimski-Korsakow bemerkte dazu in seinen Erinnerungen: »Ich wusste nun das, was jeder Praktiker, jeder deutsche Militärkapellmeister weiß und was die komponierenden Künstler leider gar nicht wissen.«[14] Johannes Brahms schrieb 1880 an den Verleger P. J. Simrock: »Die Akademische Festouvertüre op. 80 empfehle ich ihnen aber für Militärmusik setzen zu lassen. Das lockt mich selbst, wenn ich nur genauer damit Bescheid wüsste.«[15] Spontini, Meyerbeer und Liszt wandten sich an Wilhelm Wieprecht mit der Bitte, ihre Werke für Blasorchester zu bearbeiten. Richard Wagner hat Übertragungen von Teilen seiner Musikdramen ebenso zugelassen wie später Richard Strauss.

Über den Kgl. Musikdirektor Johann Gottfried Piefke (1815 – 1884) und seine Bearbeitungen klassischer und romantischer Werke äußerte sich Hans von Bülow 1858 in einem Artikel wie folgt: »Wir hatten bei mehrfachen Gelegenheiten das Vergnügen, größere Leistungen seines Korps beizuwohnen und wurden aufs neue überrascht durch die technische Vollkommenheit, die sorgfältige Nuancierung aller Einzelheiten, die imposante Gewalt der Massenwirkungen und endlich den frischen schwungvollen Geist, der in dieser Aufführung herrschte. Die A-Dur Sinfonie von Beethoven, die Ouvertüre zu Wagners Tannhäuser, das erste Finale, der Pilgerchor, das Gebet und die Romanze aus dem dritten Akt sowie die sämtlichen übertragungsfähigen Fragmente aus Lohengrin, welche wir hörten, waren Leistungen, wie sie in dieser Sphäre meisterhafter nicht gedacht werden können und gereichten dem Dirigenten wie der ganzen Kapelle zu höchster Ehre. Die Wahl der 7. Sinfonie von Beethoven schien uns eine recht glückliche; diese Apotheose der künstlerischen und rein menschlichen Freude gestattet eine solche Transkription bei ihrem einheitlichen Charakter eher, als z. B. die c-Moll-Sinfonie, deren Arrangement durch W. Wieprecht ein so großes Renommee erlangt hat. Das Trio des Scherzo sowie der letzte

Satz waren in dieser Bearbeitung von so überwältigender und hinreißender Wirkung, dass man die Instrumentierung des Originals wohl auf Augenblicke ganz zu vergessen vermochte.«[16] Die Berliner Militärkapellmeister F. Weller, A. H. Neithardt und F. Schick sowie der in Hannover wirkende J. Gerold haben sich nachdrücklich für die Verbreitung klassischer und romantischer Werke eingesetzt. Bereits vor der ersten Berliner Aufführung von Webers »Oberon« errang F. Weller mit Teilen daraus große Erfolge. Der Kgl. Musikdirektor J. G. Rode führte in Potsdam mit seiner »Jägermusik« erfolgreich Teile aus Wagners »Lohengrin« auf, als sich das Werk in Weimar unter Liszt noch nicht durchgesetzt hatte. In dieser Zeit wurden zu den bereits genannten Werken noch Kompositionen von Gounod, Meyerbeer, Bizet, Berlioz, Franck, Massenet, Saint-Saëns, Liszt, Respighi usw. für Blasorchester instrumentiert und mit Erfolg dargeboten. Solche und ähnliche Repertoirestücke wurden auch noch um die Jahrhundertwende beibehalten. Um zeitgenössische Musik war man nun weniger bemüht als früher, denn die Vorkämpferrolle der Militärmusik war inzwischen durch das Aufkommen moderner und avantgardistischer Kompositionen mehr oder weniger erloschen.

Die Posaunenchöre

Eine vorwiegend geistliche (evangelische) Blasmusikbewegung

Unter Posaunenchor versteht man im modernen Sprachgebrauch ein Blechbläserensemble, wie es in der neu belebten Turmmusik, in der Singbewegung und in der Choralpflege der evangelischen Gemeinden anzutreffen ist. Diese heutigen Posaunenchöre stehen im bewussten Gegensatz zum großen Blasorchester der Militär- oder Amateurmusikkapellen und können als »Instrumentale Sängerchöre« bezeichnet werden, da ihr Aufkommen mit der Renaissance des »A-cappella-Ideals« zusammenfällt. Die Posaune gibt diesen Bläservereinigungen oft nur den Namen (nach dem 150. Psalm, wo es in der deutschen Übersetzung heißt: »Lobet den Herrn mit Posaunen«), ohne jedoch selbst immer vertreten zu sein. Es existieren gegenwärtig nämlich sogar Posaunenchöre, in denen ausschließlich Trompeten und Flügelhörner musizieren. »In der Aufnahme der historischen Kantionalliteratur und alter Bläsermusiken, hat der dreistimmige Posaunensatz seine Aufgabe als Harmonieträger und ist in dieser Funktion auch bei der Entstehung des Posaunenchorwesens mit einem Flügelhorn als Oberstimme verwendet worden« (Georg Karstädt).[17] Als eine Art Idealbesetzung kann aber nach wie vor das »Posaunen-Stimmwerk« bezeichnet werden, das aus Diskant-, Alt-, Tenor- und Bassposaune besteht. 1618 beschreibt Michael Praetorius in seinem »Syntagma Musicum« einen »Posaunen Chor« wie folgt: »Er besteht aus einer Alt- oder Diskantposaune in F, die ›Gemeine rechte Posaun‹ in B, die Quartposaune sowie eine Oktavposaune.« Das chorische Posaunenspiel wurde hingegen bis um 1750 fast ausschließlich von den Stadtpfeifern gepflegt.

Durch die weite Mensur der modernen Instrumente und die Rekonstruktion der barocken Posaunen ist das Klangideal des 16. und 17. Jahrhunderts nur teilweise erreicht worden. Dafür begünstigt aber der weiche Klang der heutigen Instrumente das Zusammenwirken mehrerer Ensembles bei Großveranstaltungen wie beispielsweise bei »Posaunentagen«, die auf Kreis-, Bezirks- und Landesebene regelmäßig veranstaltet werden.

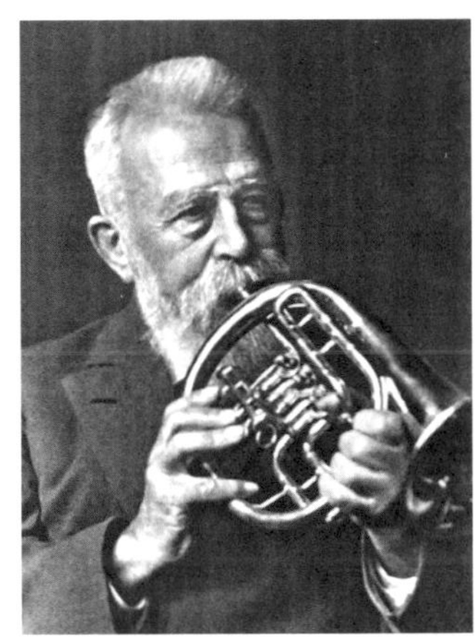

Abb. 16: Johannes Kuhlo mit Kuhlo-Horn

Der Ursprung der modernen evangelischen Posaunenchöre ist im Pietismus zu suchen. Pastor Eduard Kuhlo (1822 – 1891) und sein Sohn, der sogenannte »Posaunengeneral« Johannes Kuhlo (1856 – 1941) waren die Väter der ersten Posaunenchöre in Deutschland. Diese ursprünglich westfälische Einrichtung wurde später zum Vorbild für das ganze heutige Bundesland. Organisatorisch betreut wurden diese Ensembles viele Jahre von der »Evangelischen Jungmännerarbeit«. Ab 1934 wurden sie unter dem politischen Druck der damaligen Zeit der »Nationalsozialistischen Reichsmusikkammer« einverleibt.

Viele Jahre waren die Posaunenchöre vom Klangideal Johannes Kuhlos geprägt, demzufolge der Klang der Bläser einem Sängerchor so nah wie möglich kommen sollte. Aus diesem Grund verwendete Kuhlo vorzugsweise Hörner (Flügelhörner, Tenorhörner usw.) aller Art anstelle von Trompeten und Posaunen. Ein Musterbeispiel dafür war das berühmte »Kuhlo-Horn-Sextett«. Er selbst ließ sich ein besonderes Instrument anfertigen, das als Kuhlo-Horn (oder Kuhlo-Flügelhorn) in die Blasmusikgeschichte eingegangen ist. Erst in der Nach-Kuhlo-Zeit, also ab 1945, änderte sich dieses Klangbild. Wilhelm Ehmann (1904 – 1989), der hochgeschätzte Posaunenchorexperte, versucht mit (engmensurierten) Trompeten und Posaunen einen neubarocken Klang zu kreieren. Er war es auch, der durch sogenannte »Bläsertage« die

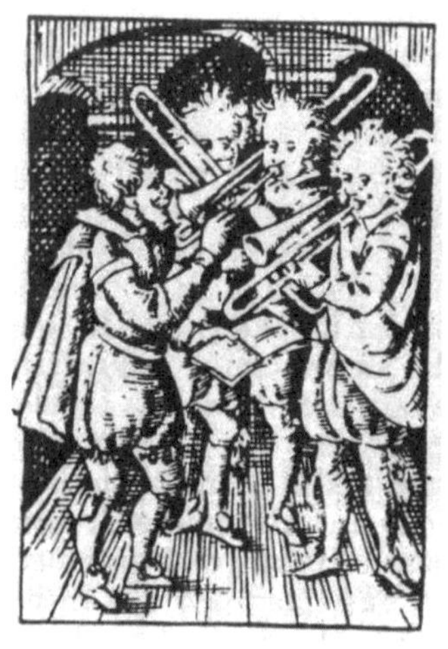

Abb. 17: Posaunenspieler auf dem Titelblatt des »Israelsbrünnlein« von J. H. Schein 1623

Aus- und Weiterbildung der Mitglieder von Posaunenchören förderte. Ehmann machte sich auch durch die Herausgabe alter Bläsermusik und eigener Schriften (z. B. »Die bläserische Kunst«, Kassel 1951) einen klingenden Namen, der weit über das Posaunenchorwesen hinausreicht.

Gegenwärtig sind die verschiedenen Bläserchöre im »Posaunenwerk« der evangelischen Kirche zusammengefasst. Die Führung der sächsischen Posaunenmission erlebte unter Pfarrer Adolf Müller (1876 – 1957) einen besonderen Höhepunkt. Seit dem Jahre 1907 besteht auch ein Landesverband für Posaunenchöre in der Schweiz. Kurz nach der vorletzten Jahrhundertwende setzte sich Ludwig Plaß (1864 – 1946) für die Wiedererweckung alter Bläsermusiken tatkräftig ein. Plaß, der selbst erster Posaunist der königlichen Kapelle in Berlin war, leitete als Direktor des Bläserbundes beispielsweise auch das Sammeln historischer, ortseigener Turmmusiken ein.

Eine Besonderheit der Posaunenchöre muss unbedingt noch erwähnt werden: Im Gegensatz zu anderen Instrumentalensembles spielen die Bläser der Posaunenchöre aus der (meist vierstimmigen) Chorpartitur, die in C notiert ist. Instrumentalisten von Posaunenchören werden auch heute noch so unterrichtet, dass sie den Ton mit jenem Notennamen bezeichnen, der absolut klingt. Diese sogenannte Kuhlo-Notation (C-Notation) trug auch dazu bei, dass Bläser von Posaunenchören eine gewisse Abgrenzung von weltlichen Ensembles, wie Musik- oder Tanzkapellen, erfuhren.

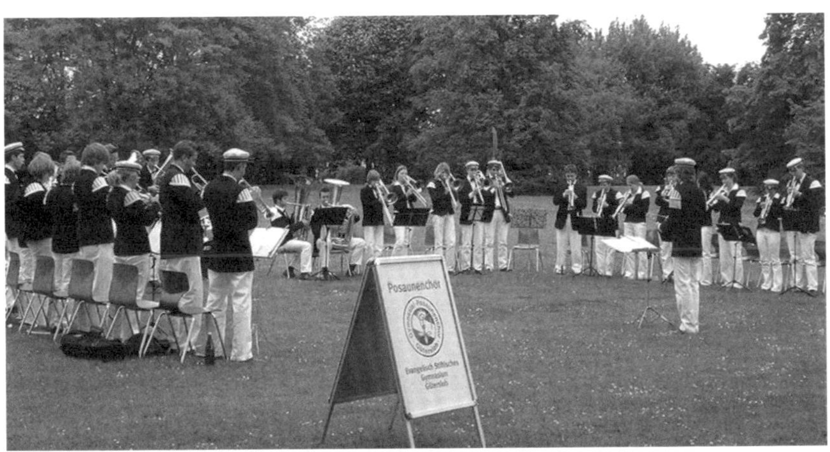

Abb. 18: Der Gymnasial-Posaunenchor Gütersloh in traditionellen Uniformen beim Pfingstkonzert 2006 im Stadtpark

Die vier Stimmen der heutigen Posaunenchöre können mit folgenden Instrumenten besetzt sein:

- Sopran: Trompete, Kuhlo-Horn, Flügelhorn, Kornett
- Alt: Trompete, Kuhlo-Horn, Flügelhorn, Kornett, Altposaune, Althorn
- Tenor: Posaune, Tenorhorn, Horn
- Bass: Posaune, Bariton, Eufonium, Tuba

Uster, ein Mekka der zeitgenössischen Blasmusik

Rund 150 Uraufführungen von »Originalmusik für Blasorchester«

In der relativ kleinen Schweizer Stadt Uster nahe Zürich fand im Jahre 1956 zum ersten Mal eine »Arbeitstagung für Blasmusik« statt. Diese und die darauffolgenden Arbeitstagungen, die später die Bezeichnung »Internationale Festliche Musiktage für zeitgenössische Blasmusikwerke« erhielten, haben sich in kurzer Zeit zu einem nahezu weltweit anerkannten Forum für zeitgenössische Blasmusik entwickelt. Initiator und künstlerischer Leiter dieser besonderen Veranstaltung war der Schweizer Dirigent, Komponist und Musikpädagoge Albert Häberling (1919 in Affoltern am Albis – 2012 in Uster). Häberling hat sich Zeit seines Lebens mit größter Leidenschaft für die Förderung und Verbreitung »originaler Blasorchesterliteratur« eingesetzt. Kein Wunder also, dass sich dieses Bemühen in seinem engeren Wirkungskreis ganz besonders deutlich niedergeschlagen hat.

Über die herausragende Veranstaltungsreihe der »Festlichen Musiktage Uster« sind bisher vier Abhandlungen erschienen: Im Band 9 der »Alta Musica« (1985) schrieb Leon J. Bly eine umfangreiche Dokumentation mit dem Titel »Der Status der Musik für Blasorchester im 20. Jahrhundert im Spiegel der Festlichen Musiktage Uster«. Derselbe Autor befasste sich in einer weiteren Dokumentation – im »BOF Journal« Nr. 1, 1990 – mit dem Thema »Internationale Festliche Musiktage Uster 1956 bis 1989«. Marianne Halder beschäftigte sich hingegen 1995 in einer Diplomarbeit speziell mit den »Internationalen Festlichen Musiktagen 1993«. Eine weitere Diplomarbeit veröffentlichte Robert Fink im Jahre 2005 und betitelte diese mit »Die internationalen Festlichen Musiktage Uster«.

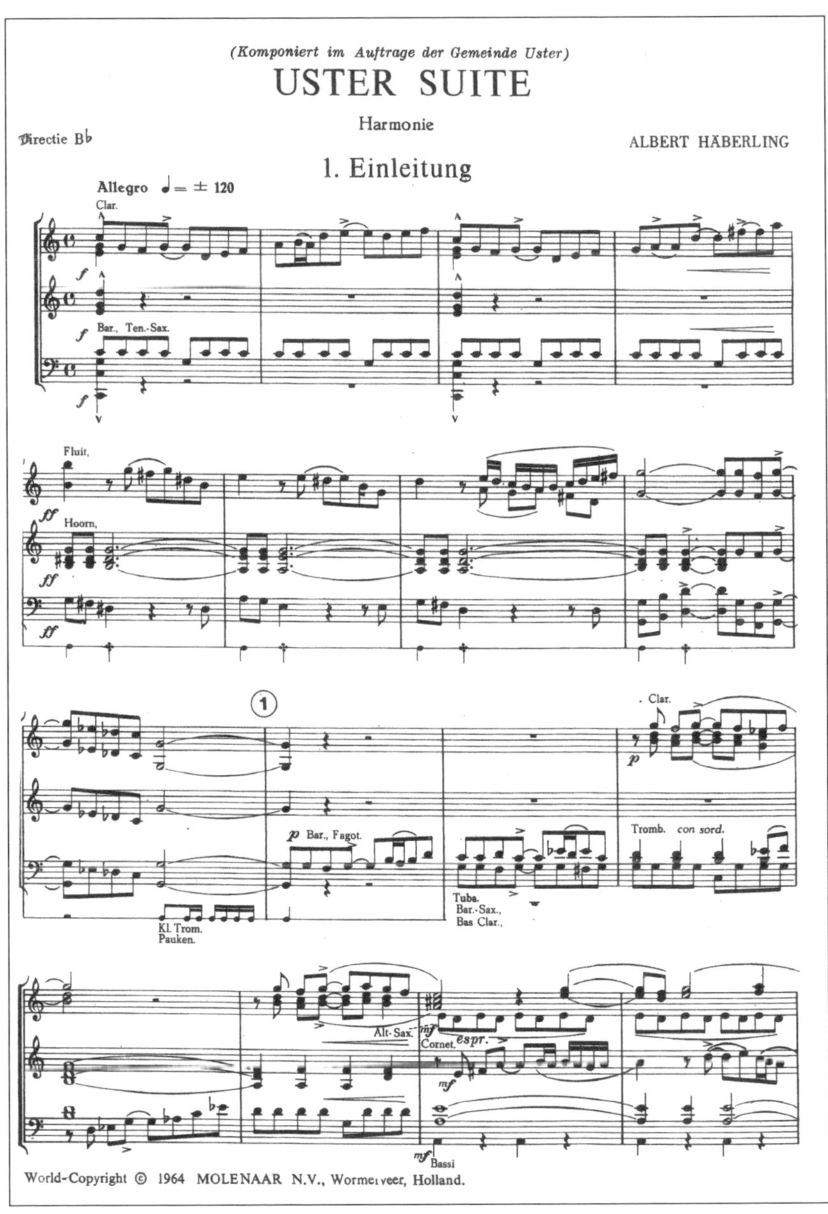

Abb. 19: »Uster Suite« von Albert Häberling

Die jeweils dreitägigen »Festlichen Musiktage« wurden anfangs alle zwei Jahre, dann alle drei Jahre und später im 4-Jahres-Rhythmus durchgeführt. Zu Beginn bestand diese Veranstaltung nicht nur aus Konzerten, sondern auch aus Referaten von Dirigenten, Komponisten, Wissenschaftlern und Musikkritikern. Und schon bald konnte man in der angesehenen »Neuen Zürcher Zeitung« nachlesen: »Es war erfreulich festzustellen, dass unsere Bläserliteratur gar nicht so arm oder uninteressant ist, wie man das oft behauptet.«[18]

Wie mannigfaltig die Musik der uraufgeführten Werke für Blasorchester im Laufe der Zeit war, geht aus der Abhandlung von Leon J. Bly besonders deutlich hervor, da er diese in neun Kapiteln detailliert beschreibt. Da finden sich Werke folgender Gattungen:

- praktikable Musik für Amateurorchester
- spätromantische Kompositionen
- herkömmliche Kompositionen
- nachimpressionistische Kompositionen
- neoromantische Kompositionen
- neoklassische Kompositionen
- Neue Musik
- kombinierte U- und E-Musik, aber auch
- gehobene Unterhaltungsmusik

Neben allgemein bekannten Blasmusikkomponisten wie Paul Huber, Ida Gotkovsky, Jean Daetwyler, Serge Lancen, Henk van Lijnschooten, Jos Moerenhout, Kees Vlak, Evžen Zámečník und Claude T. Smith erklangen auch Uraufführungen von Tonschöpfern, die sich nur gelegentlich mit Blasmusik beschäftigten, wie beispielsweise Cesar Bresgen, Harald Genzmer, Alexander Tscherepnin, Gerhard Maasz, Dalibor Vačkář, Karl Haidmayer, Peter Seeger und Ernst Ludwig Uray.

Zusammenfassend kann also festgestellt werden, dass die »Festlichen Musiktage Uster« nicht nur eine Plattform zeitgenössischer Musik für Blasorchester waren; sie sind zudem auch noch eine Inventaraufnahme des blasmusikalischen Schaffens der zweiten Hälfte des 20. Jahrhunderts.

Nach den vielen Jahren, in welchen Albert Häberling sozusagen der genius loci dieser herausragenden Blasmusikveranstaltungen war, übernahm Felix Hauswirth in den Jahren von 1993 bis 2000 die künstlerische Leitung der »Festlichen Musiktage Uster«. Ohne Zweifel haben all diese »Festlichen Musiktage« ungemein viel dazu beigetragen, der Blasmusik als eigenständige künstlerische Musikgattung den Boden zu bereiten.

Das Motto, unter welches die »Festlichen Musiktage Uster« im Jahre 1971 gestellt wurden, soll diese kurze Betrachtung schließen. Dieses Motto aus Alfred Einsteins Schrift »Größe in der Musik« bedeutete damals wie heute Auftrag und Verpflichtung: »... die Sprache, die Bach, Mozart, Beethoven vorgefunden und entwickelt haben, hat gerade für sie selber ausgereicht; aber sie reicht nicht mehr für uns aus. Wir müssen unser Schicksal auf uns nehmen, wir müssen vorwärts gehen. Wir müssen den musikalischen Sprachschatz vermehren, wie er noch von jeder Zeit vermehrt worden ist. Die ungewohnten und manchmal hässlichen Worte des Übergangs werden einmal vertraut und ausdrucksvoll erscheinen. Sie werden in Tradition verwandelt werden...«[19]

Spielmannszüge und Marching Bands

Eine Faszination für Aug und Ohr

Eine Sonderstellung im Blasmusikwesen nehmen die Spielmannszüge und Marching Bands ein.

Unter dem Begriff Spielmannszug versteht man heute ein Ensemble, das aus Marschtrommeln, Querflöten, Lyra, großer Trommel und Becken besteht. Im Laufe der letzten Jahre sind zu diesen traditionellen Instrumenten noch verschiedene Perkussioninstrumente (Pauken, Drumset, Cymbals, Guiro, Congas usw.), ja sogar Stabspiele (Xylofon, Vibrafon, Marimbafon usw.) hinzugekommen. Das Repertoire dieser Musiziergemeinschaften besteht aus Originalkompositionen, hauptsächlich aber aus Bearbeitungen moderner Unterhaltungsmusik. Umgangssprachlich werden auch die Fanfarenzüge und die Trommlerkorps zu den Spielmannszügen gezählt. Traditionelle Fanfarenzüge bestehen aus Naturtrompeten und Landsknechtstrommeln. Moderne Fanfarenzüge haben hingegen meist Ventilfanfaren in Es als Melodieinstrumente in ihren Reihen. Bei den sogenannten Trommlerkorps sind entweder ausschließlich Schlaginstrumente besetzt oder diese haben zumindest eine dominierende Stellung innerhalb des Ensembles.

Den Ausdruck »Spielmann« kennt man bereits seit dem 8. Jahrhundert. Bilddokumente beweisen, dass schon im 13. Jahrhundert mit Flöte und Trommel gemeinsam musiziert wurde. Diese Instrumentalbesetzung nannte man damals »Spyl«. Im 19. Jahrhundert wurde die Spielmannsmusik vor allem im deutschen Heer gepflegt. Später übernahm die »Deutsche Turnerschaft« diese alte Tradition. Die Beliebtheit der Spielmannszüge lässt sich an einigen Zahlen ablesen: Beim Turnerfest in Leipzig (1922) traten 220, bei jenem in Frankfurt (1925) 2000 und bei derselben Veranstaltung in Leipzig (1926) nicht weniger als

4200 Spielleute auf. Von 1933 bis 1945, also in der Zeit des Nationalsozialismus, wurden diese Musiziergemeinschaften von den damaligen Machthabern vereinnahmt. Nach dem Zweiten Weltkrieg formierten sich wieder zahlreiche Spielmannszüge und wählten 1950 den »Deutschen Turner-Bund« zu ihrer Dachorganisation. Auch Organisationen wie Feuerwehren, Schützen- oder Karnevalsvereine betreuen zahlreiche Spielmannszüge. »Trommlerkorps« bezeichnen sich heute – nach nordamerikanischem Vorbild – oft als »Drum Corps«, »Drumband« oder »Drumline«.

Natürlich gibt es nicht nur in Deutschland eine große Zahl an Spielmannszügen. Viele hervorragende Musikgruppen dieser Art sind in den Niederlanden beheimatet. Grundsätzlich kann ein Nord-Süd-Gefälle festgestellt werden: Wo viele Musikkapellen und Blasorchester beheimatet sind, finden sich eher wenig Spielmannszüge und umgekehrt. Auch in der Schweiz gibt es Spielmannszüge: Dort sind es vor allem die »Basler Trommler«, die durch ihre spezielle Schlagtechnik ihre Instrumente besonders virtuos beherrschen. In ganz Österreich existiert derzeit nur ein gutes Dutzend Spielmannszüge. Österreich ist eben ein Land der Musikkapellen.

Wie bereits der Name sagt, handelt es sich bei einer Marching Band um eine Kapelle, deren Mitglieder zur Musik marschieren. Der Ausdruck steht im Gegensatz zum sogenannten »Sitzorchester«, welches nahezu ausschließlich in Konzertsälen seine Auftritte bestreitet. Die Mitgliederstärke von Marching Bands ist in der Praxis sehr unterschiedlich.

Besetzungsmäßig weist eine Marching Band Holz- und Blechblasinstrumente sowie Schlagzeug auf. Nicht selten werden die Darbietungen dieser Musikgruppen von Tanz- und Showgruppen (Majoretten) ergänzt.

Ihren Ursprung haben die Marching Bands in den USA. Zeitlich fällt ihre Gründung mit dem Ende des Amerikanischen Bürgerkriegs (1861 bis 1865) zusammen. Zu deren Mitbegründern zählt auch der legendäre »amerikanische Marschkönig« John Philip Sousa. Während anfänglich die Marching Bands fast ausschließlich eine militärische Einrichtung waren, bildeten sich nach dem Zweiten Weltkrieg vielerorts solche Musiziergemeinschaften im schulischen Bereich. Ihre Hauptaufgabe fanden die amerikanischen Marching Bands in Show-Auftritten bei diversen Sportveranstaltungen: ihr Konzertsaal waren die Sportstadien. Europäische Marching Bands versuchten ihre amerikanischen Vorbilder in vielen Einzelheiten nachzuahmen, indem sie sich oft einen englischsprachigen Namen zulegten und in Fantasieuniformen auftraten. Die älteste deutsche Marching Band nannte sich beispielsweise »The Sound of Frankfurt« und wurde 1967 gegründet.

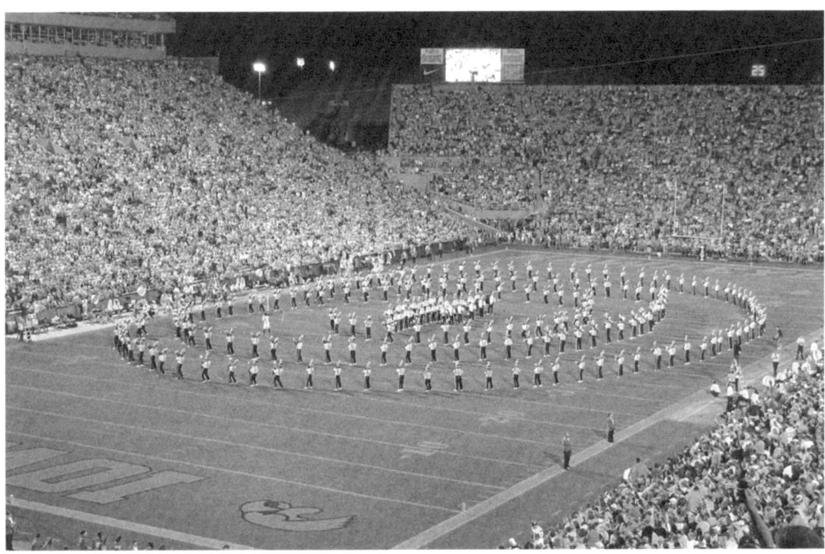

Abb. 20: Die Hawkeye Marching Band der University of Iowa spielt während der Halbzeitpausen aller Football-Heimspiele der »Iowa Hawkeyes«

Die Musik der Marching Bands besteht aus Märschen älteren und neueren Datums, Arrangements der Pop- und Blues-Szene, aber auch aus Oldtimer-Jazz. Fast alle Marching Bands tragen kostbare oder zumindest augenfällige Uniformen. Bei ihren Darbietungen steht immer »die Show« im Mittelpunkt.

Die Faszination der Marching Bands hat natürlich auch Europa erfasst. Sogar die traditionellen Musikkapellen pflegen heute die »Musik in Bewegung« in einem Maße, wie es vor Jahrzehnten noch undenkbar gewesen wäre. Der Österreichische Blasmusikverband gab beispielsweise bereits mehrere Anleitungen in Buchform heraus, wie »Musik in Bewegung« sowohl im alltäglichen Gebrauch als auch bei Wettbewerben eindrucksvoll dargeboten werden kann. In diesen Publikationen finden sich ausführliche Erklärungen über das Antreten, das Abfallen, das Schwenken, das Defilieren, das Halten bis hin zu den Showelementen der »Großen Wende«, der »Schnecke« und vieles mehr. Dass bei den sogenannten Rasen-Shows der Fantasie der Ausführenden keine Grenzen gesetzt sind, beweisen auch in unserem Kulturkreis raffiniert dargebotene Choreografien von Musikkapellen.

Die Brass Band

Eine Musikformation der Bergleute

Der Name dieser besonderen Musikformation leitet sich vom Englischen »Brass« (Messing) und »Band« (Kapelle) ab. Entstanden sind die ersten Brass Bands in Großbritannien um das Jahr 1830. Die Mitglieder dieser Ensembles waren mehrere Jahrzehnte ausschließlich Arbeiter der englischen Kohlebergwerke. Erst viel später wurden Brass Bands auch in Kontinentaleuropa gebildet. Hier sind diese Formationen vor allem in der Schweiz und in den Benelux-Ländern zu finden. Vereinzelt gibt es gegenwärtig auch Brass Bands in Deutschland und Österreich. In Nordamerika und Australien hat die Brass-Band-Bewegung eine eigene Entwicklung genommen. Brass Bands entstanden nicht nur in den Industriebetrieben, sondern auch in der Heilsarmee. Um 1890 gab es allein in England bereits rund 20 000 solcher Musikformationen.

Das spieltechnische Niveau zahlloser Brass Bands ist außerordentlich hoch. Der Grund dafür ist in einem überdurchschnittlichen Wettbewerbsgeist dieser Ensembles zu suchen. Bereits seit dem Jahre 1850 werden regelmäßig Wettbewerbe in verschiedenen Ligen durchgeführt. Neben einer Reihe wichtiger regionaler Wertungsspiele überragen heute vor allem zwei »Contests«, und zwar der »National Championship« in der Royal Albert Hall in London und der »British Open Championship« im Belle Vue in Manchester.

Interessanterweise waren die Vorläufer der Brass Bands nicht nur mit Blechbläsern, sondern auch mit Holzbläsern besetzt. Typisch für die Brass-Band-Szene ist der weiche Blechklang von der Sopran- bis zur Bass-Lage. Da in diesen Ensembles anstelle der Trompeten Kornette und anstelle der (Wald-)Hörner Althörner (in Tenorhorn-Form) traten, entwickelten die Brass Bands einen ganz speziellen Sound. Besonders das Lyrische und das Kantable sind für diese Formationen zum Charakteristikum geworden. Auch ein singendes Vibrato ist für Brass Bands sehr charakteristisch.

Die Standardbesetzung einer Brass Band besteht heute aus folgendem Instrumentarium:

1 Soprankornett (in Es)
4 Solo-Kornetts (in B)
1 Ripieno-Kornett (in B)
2 zweite Kornetts (in B)
2 dritte Kornetts (in B)
1 Flügelhorn (in B)
3 Althörner (in Es)
2 Baritone (in B)
2 Eufonien (in B)
2 Tenorposaunen (in B)
1 Bassposaune (in C)
2 Tuben (in Es)
2 Tuben (in B)
und 2 oder 3 Schlagzeuger

Genau diese 27 Instrumentalisten plus Dirigent stellen sich immer wieder der Jury bei nationalen und internationalen Wettbewerben. Natürlich gibt es aber auch Brass Bands, die vereinsmäßig geführt werden und aus diesem Grunde besetzungsmäßige Abweichungen von dieser Standardformation aufweisen. Die vereinsmäßig geführten Formationen sind meist überbesetzt.

Während anfänglich Märsche, Tänze und kürzere Auszüge aus Opern zum Repertoire der Brass Bands zählten, werden heute mit Vorliebe Originalkompositionen und umfangreichere Transkriptionen dargeboten. In der ersten Hälfte des 20. Jahrhunderts entstanden Originalwerke namhafter Komponisten für Brass Band. Als Beispiele nennen wir hier nur »Labour and Love« von Percy Fletcher (1913), »The Absent Minded Beggar« von Arthur Sullivan (1920), »Freedom« von Hubert Bath (1922), »Oliver Cromwell« von Henry Gheel (1923), »A Moorside Suite« von Gustav Holst (1928) und »Severn Suite« von Edward Elgar (1930).

Nicht nur als Komponist, sondern auch als Dirigent und Organisator hat sich der Engländer Eric Ball (1903 in Bristol – 1989 in Dorset) um die Brass Band besonders verdient gemacht. Er schrieb eine ganze Reihe an Originalwerken für diese spezielle Musikformation, die bis zum heutigen Tag im Repertoire zahlreicher Ensembles vorhanden sind.

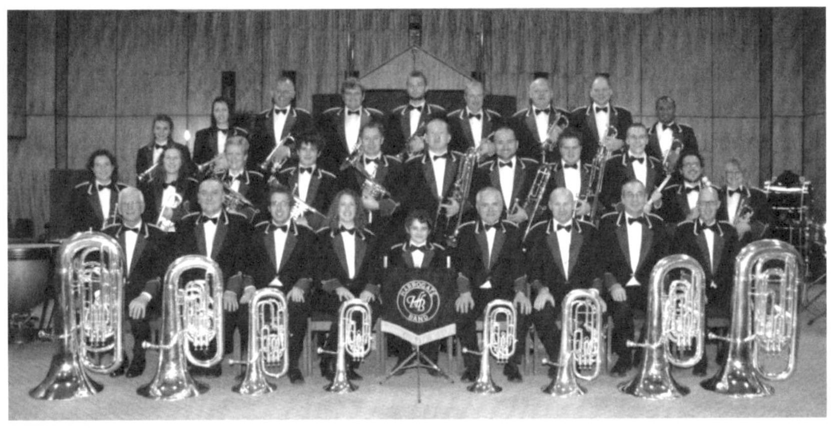

Abb. 21: Die englische Harrogate Brass Band aus der Grafschaft North Yorkshire

Die englische Blasmusikbewegung

Aufbruch in blasmusikalisches Neuland

Es war im wahrsten Sinne des Wortes ein Aufbruch in blasmusikalisches Neuland, welchen gleich zu Beginn des 20. Jahrhunderts eine englische Gruppe von Komponisten wagte. Zu dieser Komponistengruppe zählten vor allem Gustav Holst, Percy Aldridge Grainger und Ralph Vaughan Williams, aber auch Gordon Jacob. Sie setzten mit ihren Blasorchesterwerken neue Maßstäbe, indem sie sich von der Literatur der militärischen Blasorchester jener Zeit ganz bewusst distanzierten. Das Neue daran war nicht etwa ein avantgardistischer Kompositionsstil, sondern geradezu das Gegenteil: Sie besannen sich neu auf alte Formen und Inhalte und ließen sich von diesen immer wieder zu Eigenkompositionen inspirieren. Ein deutliches Kennzeichen dieser Werke ist eindeutig die Hinwendung zur bodenständigen Volksmusik. Wolfgang Suppan beschrieb einmal die Stilmerkmale sowie die Beeinflussung der Blasorchesterliteratur dieser Komponistengruppe in Europa, in den USA und in Japan mit folgender Aufzählung:

»Durch (1) Bindung an traditionelle, authentische Volksmusik, jedoch nicht im Sinne einer Volksmusikbearbeitung sondern im Sinne Béla Bartóks, der die ›Sprache der Volksmusik‹ erlernte, um sich darin ausdrücken zu können; (2) damit Gewinnung einer Melodik, deren Bekanntheitsqualitäten weiten Kreisen der Bevölkerung den Zugang zu dieser Musiksprache ermöglichte; (3) Einsatz der Blechblasinstrumente nicht als tuttiverstärkende, als kriegerische Dreiklangsmelodik, sondern als melodieführende Instrumente; (4) Rückgriff auf vorromantische (Renaissance-, Barock-, Klassik-)Formen der Suite, der Kanzone, der Toccata, des Divertimentos sowie auf klare, linear geführte Stimmen und transparente Stimmgewebe.«[20]

Der Älteste dieser Komponistengruppe war Gustav Holst (1874 in Cheltenham – 1934 in London). Holst besuchte das Royal College of Music in London, musste aber die vielversprechende Pianistenlaufbahn aus gesundheitlichen Gründen schon bald aufgeben. Im Anschluss daran brachte er sich als Posaunist und Lehrer, aber besonders als Komponist weiter. Für den Komponisten Gustav Holst bekam die Beschäftigung mit der englischen Volksmusik eine außergewöhnlicher Bedeutung. Blasmusikgeschichte schrieb er mit seinen beiden Kompositionen »First Suite for Band« in Es (1909) und »Second Suite for Band« in F (1911). Diese beiden Originalkompositionen sind im Laufe der Zeit zu ausgewiesenen Standardwerken der Blasorchesterliteratur geworden.

Obwohl Percy Aldridge Grainger (1882 in Brighton/Melbourne – 1961 in White Plains/New York) in Australien geboren wurde, zählt er doch eindeutig zur englischen Komponistengruppe. Grainger war als Komponist zeitlebens exzentrisch und innovativ. Er wandte komplexe Rhythmen bereits vor Strawinsky an und experimentierte mit elektronischer Musik schon vor Varèse. Auch seine Instrumentationen zeichnen sich durch neue Klangkombinationen aus. Als Konzertpianist bereiste Grainger seit 1900 sowohl Europa als auch Amerika. 1906 lernte er in London Edvard Grieg kennen, mit dem ihn fortan eine tiefe Freundschaft verband. Bereits 1901/1902 schrieb er seine beiden »Hill Songs«, also Werke, die eindeutig auf Volksmusik basieren. Einen Meilenstein der Blasorchesterliteratur stellt aber seine Suite »Lincolnshire Posy« dar, die zwar erst 1937 entstand, aber der vorgegebenen Linie in allen Details treu blieb. Typisch für Graingers Schaffen ist auch sein allseits beliebtes »Irish Tune from County Derry, Sheperd's Hey« aus dem Jahre 1918.

Exemplarischen Charakter besitzt zudem die »English Folk Song Suite« (1924) von Ralph Vaughan Williams (1872 in Down Ampney, Gloucestershire – 1958 in London). Er beschäftigte sich Zeit seines Lebens mit der Volksmusik Englands. Sein Beitritt zur »Folk Song

Society« gab ihm als aktivem Sammler von Musik seiner Heimat bald auch einen internationalen Ruf als Musikwissenschaftler. Diese Beschäftigung schlug sich natürlich auf sein kompositorisches Schaffen nachhaltig nieder. Genau in diese Richtung zeigt auch seine Komposition »Sea Songs« aus dem Jahre 1924.

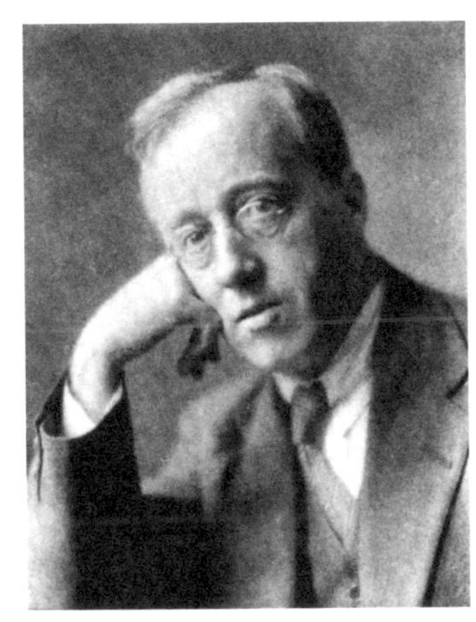

Abb. 22: Gustav Holst (um 1921)

Der Jüngste im Bunde dieses Komponistenkreises war Gordon Jacob (1895 in London – 1984 in Saffron Walden/Großbritannien). Jacob zählt zu den bekanntesten englischen Komponisten, die sich auch dem Blasorchester widmeten. Er studierte am Royal College of Music in London unter anderem bei Ralph Vaughan Williams und unterrichtete von 1924 bis 1954 am selben Institut das Fach Komposition. Gordon Jacob war aber auch als Dirigent erfolgreich. Ein Schlüsselwerk für die englische Blasmusikbewegung stellt seine Komposition »A Original Suite« (1928) dar. Mit der Bezeichnung »Original« wollte Gordon Jacob, wie andere seiner Zeitgenossen auch, diese Komposition als originale Blasorchestermusik ganz konkret kennzeichnen. Von den drei Sätzen dieser Suite – »March«, »Intermezzo« und »Finale« – gebührt ohne Zweifel dem letzten die Krone. Erwähnt muss hier auch noch seine »Fantasia on an English Folk Song« werden, da bei dieser Komposition der Titel bereits Programm ist.

Donaueschingen 1926

Eine Vision Paul Hindemiths

In Donaueschingen, dieser deutschen Stadt im Südwesten Baden-Württembergs, finden bereits seit 1921 jährlich Musiktage für zeitgenössische Tonkunst statt. Auch heute noch ist Donaueschingen ein wichtiger Treffpunkt all derer, die neueste musikalische Entwicklungen und Strömungen hautnah erleben wollen.

Paul Hindemith hatte an dieser Veranstaltung natürlich großes Interesse und war daher von der ersten Stunde an mit dabei. 1926 hatte er die Idee, bei diesem Festival nicht nur Kammermusik und Musik mechanischer Instrumente, sondern auch »Originalkompositionen für Militärmusik« auf das Programm zu setzen. Da sich Paul Hindemith Zeit seines Lebens auch für die Amateurmusik einsetzte, lag es auf der Hand, dass er durch »Gebrauchsmusik für Blasorchester« das Repertoire dieser Ensembles mit qualitativ hochstehenden Werken bereichern wollte. Noch im Jahre 1952 schrieb Hindemith im Programmtext eines Blasorchesterkonzerts, das er selbst dirigierte, Folgendes: »Es muss vielmehr danach gestrebt werden die Satz- und Formerwägungen, nach denen die Symphonik unserer gemischten Orchester geschrieben wird, auch hier anzuwenden – nicht durch bloße Übernahme, sondern in bewusster Anpassung an die so gänzlich andersgeartete Ausdrucksweise einer ausschließlich aus Bläsern bestehenden Spielergruppe mit ihrem zwar spröderen und starreren, dafür aber ungleich bunteren und naturhafteren Ton«.[21] Soweit Paul Hindemith selbst. Das Echo auf seinen Aufruf des Jahres 1926 an die Komponisten, etwas für Militärorchester zu komponieren, ist recht positiv aufgenommen worden. Am 24. Juli desselben Jahres war es dann soweit, dass bei den Donaueschinger Musiktagen folgende Werke uraufgeführt werden konnten:

- Ernst Krenek (1900 – 1991): »Drei Märsche für Militärorchester« op. 44
- Ernst Pepping (1901 – 1981): »Kleine Serenade für Militärorchester«
- Ernst Toch (1887 – 1964): »Spiel für Militärorchester«
- Paul Hindemith (1896 – 1963): »Konzertmusik für Blasorchester« op. 41

Im Wiederholungskonzert zwei Tage später erklang zusätzlich zu den oben genannten Kompositionen auch noch ein fünftes Werk, und zwar die »Promenadenmusik für Militärorchester« von Hans Gál (1890 – 1987). Dirigiert wurde das Militärorchester bei diesen denkwürdigen Aufführungen aber nicht etwa von einem Militärkapellmeister, sondern vom allseits geschätzten Orchesterdirigenten Hermann Scherchen. Die »Drei Märsche« von Ernst Krenek dirigierte hingegen Heinrich Burkard.

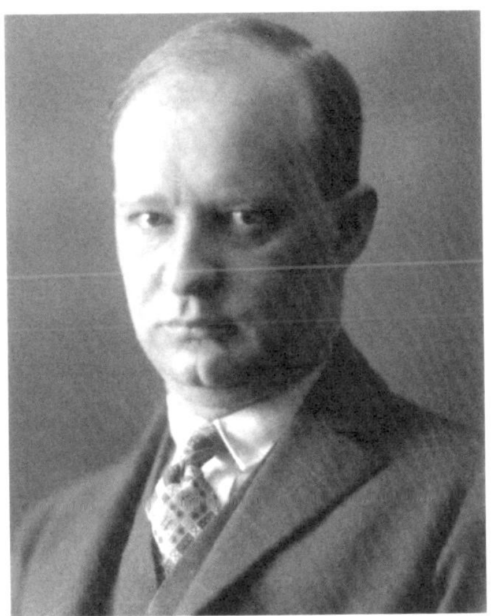

Abb. 23: Paul Hindemith (1927)

Die fünf »Originalkompositionen für Militärorchester« waren wie folgt besetzt:

INSTRUMENT	Krenek	Pepping	Toch	Hindemith	Gál
Kleine Flöte	1	1	1	1	1
Flöte	1	1	1	1	1
Oboe	1	1	1	1	1
Fagott			1		1
Es-Klarinette	1	1	1	1	1
B-Klarinette	3	3	4	3	4
Horn	2	2	4	2	2
Flügelhorn		2	2	2	2
Tenorhorn		1	1	2	2
Bariton		1	1	1	1
Trompete	2	2	4	3	2
Posaune	1	1	3	3	2
Tuba	1	1	1	2	2
Pauken	1		1		
Kleine Trommel	1	1	1	1	1
Große Trommel	1	1	1	1	1
Becken (Paar)	1	1	1	1	1
Triangel		1		1	
Tamburin					1
Lyra (Glockenspiel)			1		
SUMME	16	20	31	25	27

Aus dieser schematischen Darstellung der Besetzung geht eindeutig hervor, dass sich nicht alle beteiligten Komponisten gleich gut auf die neue Herausforderung einstellen konnten. Krenek ließ beispielsweise die für die Militärmusik so typischen weitmensurierten Blechblasinstrumente wie Flügelhorn, Tenorhorn und Bariton gänzlich weg.

Ernst Tochs Partitur ist hingegen so angelegt, dass sie sowohl von einem Blasorchester als auch von der Bläserbesetzung eines Sinfonieorchesters musikalisch dargestellt werden kann. Mit der Militärmusikbesetzung vollkommen vertraut ist hingegen Paul Hindemith.

Besonders treffend formulierte Wolfgang Suppan die damalige Situation von Donaueschingen, wenn er bemerkte: »Diejenigen, die es anging, nahmen keine Notiz davon. Alle großen musikalischen Fachzeitschriften berichteten über Donaueschingen 1926 und die dort uraufgeführten Blasorchesterwerke. In den Blasmusikzeitschriften der zwanziger Jahre findet sich keine Notiz darüber, weder vorher noch nachher«.[22]

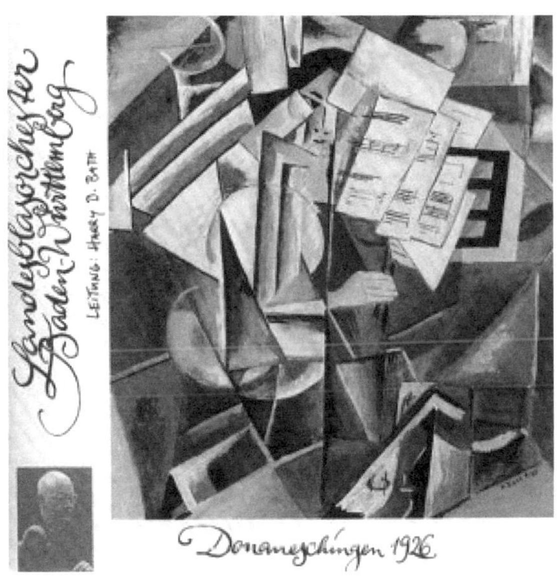

Abb. 24: Die CD »Donaueschingen 1926«, eingespielt vom Landesblasorchester Baden-Württemberg unter der Leitung von Harry D. Bath

Aus diesem Grunde ist natürlich die Frage berechtigt, ob »Donaueschingen 1926« auf das allgemeine Blasmusikwesen überhaupt eine Auswirkung hatte. Sicherlich hat die Idee Hindemiths keine unmittelbaren Früchte getragen, da alle visionären Ideen eine gewisse Reifezeit erfordern. Die Donaueschinger Blasorchesterkompositionen wurden in den darauffolgenden Jahren in den USA aufgeführt und fanden erst später wieder den Weg zurück an ihren Ausgangspunkt.

Bemerkenswert ist in diesem Zusammenhang, dass das Landesblasorchester Baden-Württemberg unter der Leitung von Harry D. Bath das Konzert von Donaueschingen 1926 genau 70 Jahre später musikalisch nachgestellt und zweimal zur Aufführung (am 21. Januar 1996 in Donaueschingen und am 22. Januar 1996 in Stuttgart) gebracht hat.

Strawinsky, Hindemith, Schönberg, Krenek, Honegger, Milhaud und die Blasmusik

»Die Moderne« in der klassischen Musik

Während des 20. Jahrhunderts gab es in der Musik verschiedene, nicht klar voneinander abgrenzbare Strömungen. Diese damalige »Neue Musik« wird heute mit Vorliebe als »Die Moderne« bezeichnet.

Igor Strawinsky (1882 in Oranienbaum bei St. Petersburg – 1971 in New York) schuf nicht weniger als sieben Werke für verschiedene Bläserbesetzungen sowie eine lateinische Messe (1948) für vierstimmigen gemischten Chor, zwei Oboen, Englischhorn, zwei Fagotte, zwei Trompeten und drei Posaunen. Mit seinem »Oktett« (1923), in welchem er eine Holzbläsergruppe von Flöte, Klarinette und zwei Fagotten einer Blechbläsergruppe von je zwei Trompeten und Posaunen gegenübersteIlt, verwirklichte er sein neues Prinzip der kontrapunktischen Verarbeitung der Themen in klassischen Formen. Die drei Sätze dieser Komposition sind mit »Sinfonia«, »Air« und »Finale« überschrieben. Strawinskys »Symphonies d'instruments à vent in memoriam of Claude Debussy« (1920 – Neufassung 1947) ist ein einsätziges Werk, doch keineswegs impressionistisch im Charakter, worauf man nach der Widmung schließen könnte. Herb, aufwühlend, mit hartem, schneidendem Bläserklang bekundet sie Schmerz und Trauer. Eigenwillige stilistische Wege geht sein »Concerto für Klavier und Bläser« (1924), indem es bewusst jeglichen romantischen Klangsinn verbannt. Ohne Rücksicht auf krasse Akkordbildungen werden hier die linearen Prinzipien durchgeführt. Trotz dieser herben Tonsprache liegen sämtlichen Sätzen dieser Komposition (»Largo-Allegro«, »Larghissimo« und »Finale«) bestimmte Tonarten zugrunde. An wirkliche Gebrauchsmusik für Blasorchester erinnern Igor Strawinskys »Zirkus-Polka« und

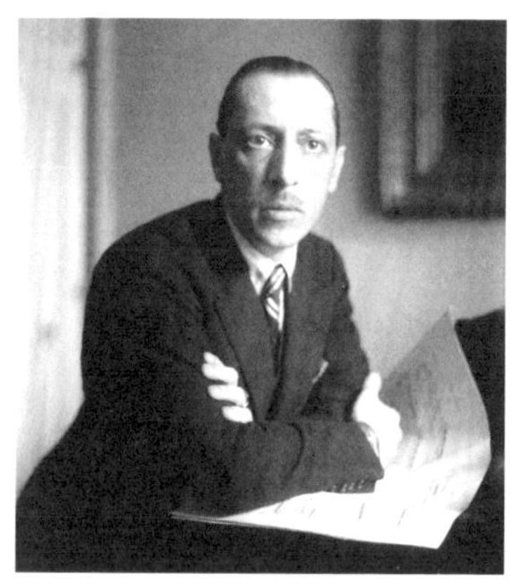

Abb. 25: Igor Strawinsky

»Scherzo à la Russe«. Die »Zirkus-Polka«, »komponiert für einen jungen Elefanten«, entstand im Jahre 1942 und wurde zwei Jahre später auch für Sinfonieorchester veröffentlicht. Auch das »Scherzo à la Russe« (1944) erhielt zwei Jahre nach seiner Uraufführung eine sinfonische Fassung. Schon verhältnismäßig früh, bereits im Jahre 1917, komponierte Igor Strawinsky seine »Chant des Bateliers du Volga«. Während die bis jetzt genannten Werke Strawinskys sozusagen pure Blasmusik sind, handelt es sich bei seinem »Ebony-Concerto« um eine Komposition für Solo-Klarinette und Big Band. Dieses Werk aus dem Jahre 1945 stellt einen ebenso eigenwilligen wie souveränen Beitrag zum angewandten, konzertanten Jazz dar.

Auch »der größte Musikant des 20. Jahrhunderts«, wie Paul Hindemith (1895 in Hanau – 1963 in Frankfurt/Main) einmal genannt wurde, schrieb neben seiner »Kleinen Kammermusik für fünf Bläser« (1922), der »Morgenmusik« aus dem »Plöner Musiktag« (1932), einer »Sonate für vier Hörner« (1952) und der »Konzertmusik für Klavier, Blechbläser und zwei Harfen« (1930) noch zwei Werke für Blasorchester. Die »Sonate für vier Hörner« besteht aus drei Sätzen, die so locker aneinandergereiht sind, dass sie (was im Vorwort der Notenausgabe ausdrücklich vermerkt wird) auch einzeln aufgeführt werden können. Der Finalsatz davon bringt mehrere Variationen über das alte Lied »Ich schell mein Horn in Jammers Ton«. Das »Septett« (1948/49) mit der Besetzung von Flöte, Oboe, Klarinette, Horn, Trompete, Fagott und Bassklarinette besteht aus folgenden fünf Sätzen: »Lebhaft«, »Freies Intermezzo«, »Variationen«, »Intermezzo und Fuge« sowie »Alter Berner Marsch«. Als Kabinettstück daraus gilt der letzte Satz, da er den bekannten »Berner Marsch« als Synthese von Fuge und Volksmusik darstellt. Durch ihren originellen Mittelsatz, der sechs parodistische Variationen über »Prinz Eugenius, der edle Ritter« beinhaltet, wurde die »Konzertmusik für Blasorchester« op. 41 (1926) nicht nur bekannt, sondern auch beliebt. Die »Symphonie in B« schrieb Paul Hindemith 1951 für die Army-Band in Washington. Als er die erste europäische Aufführung dieser Komposition im Jahre 1953 in Düsseldorf dirigierte, wurde das Finale stürmisch »da capo« verlangt. Fülle, Kraft, aber auch Geschmeidigkeit kennzeichnen den individuellen Stil dieser sinfonischen Komposition für großes Blasorchester. Als Krönung dieses viersätzigen Werks schreibt Hindemith im Finalsatz ein markantes Thema und verarbeitet es zu einer groß angelegten Doppelfuge.

Arnold Schönberg (1874 in Wien – 1951 in Los Angeles), der bekannte Meister der Dodekaphonie, schuf nicht nur im Jahre 1925 ein Bläserquintett, sondern auch noch eine 14-minütige Komposition für große sinfonische Bläserbesetzung. Es handelt sich dabei um die Komposition »Thema und Variationen« op. 43a aus dem Jahre 1943. Dieses komplexe Werk mit dem einprägsamen »Poco allegro«-Thema und sieben ganz unterschiedlichen Variationen sollte ursprünglich auch von Amateuren spielbar sein, was aber in Wirklichkeit nicht zutrifft. Wahrscheinlich aus diesem Grunde brachte Schönberg »Thema und Variationen« kurze Zeit später als op. 43b auch für großes Sinfonieorchester heraus. Es kommt eher selten vor, dass Blasorchesterwerke zu einem späteren Zeitpunkt für Sinfonieorchester transkribiert werden. Hier haben wir einen solchen Fall. Von Arnold Schönberg gibt es auch noch eine ganz kurze »Fanfare« über Motive aus seinen »Gurre-Liedern« (1945) für die Besetzung von je vier Trompeten, Hörnern, Posaunen, Tuben, Pauken und vier Schlagzeugern.

Auch der österreichische Komponist Ernst Krenek (1900 in Wien – 1991 in Palm Springs/Kalifornien), der den größten Teil seines Lebens in den USA verbrachte, komponierte gleich mehrere Werke für Bläser, aber auch für Blasorchester. In den Jahren 1924/25 entstand seine »Sinfonie für Bläser und Schlagwerk« op. 34. Dieses Werk mit den Sätzen »Allegro«, »Adagio molto« und »Allegro« verrät sowohl durch seine Klanglichkeit, aber auch durch seine rhythmische Gestalt den Einfluss seines großen Vorbilds Igor Strawinsky. Ein weiteres Blasorchesterwerk Kreneks nennt sich »Dream Sequence« op. 224 aus dem Jahre 1975. Dieses zyklische Werk schildert in Zwölftontechnik folgende Zustände: »Albtraum«, »Angenehmer Traum«, »Puzzle« und »Traum vom Fliegen« mit einer frappierenden Anschaulichkeit. Zu dieser Gruppe gehört auch noch die »Kleine Blasmusik« op. 70a (1931) mit den Sätzen »Ouvertüre«, »Menuett«, »Intermezzo« und »Rondo« dazu. Diese Komposition hat zwar gesamtheitlich gesehen einen heiteren Charakter, spart aber auch nicht mit Ironie und Sarkasmus. Eine eher kammermusikalische Bläserbesetzung weisen gleich vier Werke aus der Feder Ernst Kreneks auf: die »Drei lustigen Märsche« op. 44, die »Intrada für Bläser« op. 51a, die »Kleine Blasmusik« op. 70a und die Komposition »Pentagon for Winds« ohne Opuszahl.

Außergewöhnlich oft beschäftigte sich auch Arthur Honegger (1892 in Le Havre – 1955 in Paris) in seinem kompositorischen Schaffen mit dem Medium Blasorchester. Sein bekannter sinfonischer Psalm »Le Roi David« (»König David«) wurde in seiner Erstfassung (1921) für Soli, gemischten Chor, zwei Flöten, Oboe, zwei Klarinetten, Fagott, Horn, zwei Trompeten, Posaune, Pauken, Schlagzeug, Kontrabass, Celesta, Klavier und Orgel geschrieben. Heute hört man dieses beliebte Werk öfters in der zweiten Fassung für Sinfonieorchester. Bei seinem biblischen Drama »Judith« (1925) war es umgekehrt: davon entstand die Blasorchesterversion als Zweitfassung. Ein Originalwerk für Blasorchester ist hingegen sein »Marche sur la Bastille« aus der Suite »Le 14 Juillet«, den Honegger 1936 komponierte. Zu dieser Kategorie zählt auch der zündende Marsch »Grad us« (»En avant«) aus dem Jahre 1940. Im gleichen Jahre entstand auch Arthur Honeggers szenisches Oratorium »Nicolas de Flue«, von dem er auch eine Zweitfassung für Blasorchester anfertigte. Nennen wollen wir hier noch seine Operette »La Belle de Moudon« (1931), da sie eine Besetzung von Blechmusik, drei Saxofonen und zwei Klavieren aufweist.

Der französische Komponist Darius Milhaud (1892 in Marseille – 1974 in Genf) schuf nicht weniger als vier Kompositionen für Blasorchester und neun Werke für geringstimmigere Bläserbesetzungen. Seine »Suite Française« op. 248 aus dem Jahre 1944 nimmt eine besondere Stellung ein, da Milhaud mit ihr seiner Heimat ein akustisches Denkmal setzte. Die einzelnen Sätze dieser Suite tragen Titel der französischen Regionen »Normandie«, »Bretagne«, »Île de France«, »Alsace-Lorraine« sowie »Provence« und beinhalten nicht nur diverse heimatliche Themen, sondern auch mehrere Volkslieder aus Milhauds Heimat. Ein ähnliches Blasorchesterwerk aus seiner Feder ist die »West Point Suite« op. 313, die im Jahre 1954 entstand. Sie ist dreisätzig und besitzt eine Spieldauer von rund acht Minuten. Ihre Sätze »Introduction«, »Recitative« und »Fanfare« sind im Charakter sehr unterschiedlich und weisen eine farbenprächtige Instrumentation auf. Einen grundsätzlich unterschiedlichen Charakter tragen auch seine »Deux Marches« op. 260 aus dem Jahre 1945, welche die Titel »In memoriam« und »Gloria Victoribus« tragen und den gefallenen amerikanischen Soldaten der Schlacht von Pearl Harbour gewidmet sind. Darius Milhauds »Introduktion et marche funèbre« op. 153c stammt aus der zyklischen Gemeinschaftsproduktion mehrerer Komponisten, »Le 14 Juillet«, die 1936 aus der Taufe gehoben wurde. Von seinen kammermusikalischen Bläserwerken nennen wir hier nur noch das Bläserquintett »La Cheminée du roi René« op. 205, die »5. Symphonie« (Dixtour à vent) op. 75 und das Blechbläserstück »Indicatif et marche pour les bons d'Armement« op. 212.

Das militärische Blasmusikwesen

Die »uniformierten Blasorchester«

Der Begriff Militärmusik hat mindestens zwei Bedeutungen: Zum einen meint man damit die militärischen Musikformationen und zum anderen die beim Militär verwendete Musik. Die Grenzen zwischen Militärmusik und Blasmusik sind geradezu fließend. Blasinstrumente und Trommeln wurden bereits in der Antike in der Kriegsführung zur Nachrichtenübermittlung eingesetzt. Dargeboten wurde damals zum größten Teil nur Signalmusik. Zwei Hauptgruppen von Militärmusikern bildeten sich seit dem 16. Jahrhundert heraus. Es waren dies die »Pfeifer und Trommler« als Musiker der Fußtruppen sowie die »Trompeter und Pauker« als Musiker der Kavallerie. Letztere waren eindeutig privilegierter als das sogenannte »Spil« der Pfeifer und Trommler. Im 16. und 17. Jahrhundert wurde die europäische Militärmusik durch den Kontakt mit den Osmanen (Türken) durch neuartige Instrumente der Janitscharenmusik bereichert. Auch der Dreißigjährige Krieg veränderte die Militärmusik wesentlich, da zu dieser Zeit beim Militär der Gleichschritt eingeführt wurde. Von nun an hatte die Militärmusik auch die Aufgabe, die Soldaten im Kampf anzufeuern. Selbstverständlich erhielt die Militärmusik im 19. Jahrhundert einen besonderen Entwicklungsschub. Zum einen wurde das Instrumentarium erweitert und verbessert, zum anderen die Ausbildung der Musiker professionalisiert und nicht zuletzt wurde auch das Repertoire augenscheinlich erweitert.

Deutschland

In Deutschland (Brandenburg – Preußen) erhielt die »Dragoner-Leibguarde« als erste Truppe 1646 eine Kapelle. Diese Kapelle bestand aus zwei D-Schalmeien, einer A-Schalmei und Bass (Dulzian). Im Jahre

1681 verfügte das »Regiment Kurfürstin« bereits über zwölf Schalmeien. In der zweiten Hälfte des 18. Jahrhunderts bildeten zwei Oboen, zwei Hörner, zwei Fagotte, eine Trompete, sechs Pfeifen und Trommeln den Grundstock einer Infanterie-Regimentsmusik. Von Friedrich II. (1712 in Berlin – 1786 in Potsdam), auch Friedrich der Große oder der Alte Fritz genannt, der selbst Flöte spielte und komponierte, wissen wir, dass er sich sehr für die damalige Militärmusik engagierte. Anfang des 19. Jahrhunderts erlebte die preußische Militärmusik einen großen Aufschwung. Dazu beigetragen hat ganz besonders auch die Reform des Instrumentariums durch Wilhelm Wieprecht. 1838 wurde er zum »Director der gesamten Musikchöre des Gardecorps« ernannt. Nach der Erweiterung des preußischen bzw. deutschen Heeres (1860 und 1890) erlebte die Militärmusik einen weiteren Aufschwung. Allgemein beliebt war der »Große Zapfenstreich«. Als »Zapfenschlag« wurde dieser bereits 1581 erwähnt. Ursprünglich befahl er den Soldaten die Rückkehr und Ruhe im Lager. Später wurde der »Große Zapfenstreich« zu einer feierlichen Veranstaltung, die den Kulminationspunkt militärmusikalischer Darbietungen darstellte. Nach dem Ersten Weltkrieg wurde die Zahl der Reichswehrkapellen auf 140 festgelegt und die Stärke der einzelnen Kapellen auf 27 reduziert. Qualitätsvolle musikalische Leistungen konnten dadurch nicht mehr erbracht werden. Mit der Machtübernahme der Nationalsozialisten (1933) begann für die Militärmusik ein neues Kapitel. Dass der Nationalsozialismus nicht nur die Militärmusik, sondern auch die zivile Blasmusik stark förderte, sie aber auch gezielt für Propagandazwecke missbrauchte, darf hier nicht verschwiegen werden. Die Deutsche Bundeswehr erhielt 1956 eine eigene Militärmusik, deren Besetzung den internationalen Standards entsprach.

Österreich

Die Militärmusik in Österreich kennt seit der Einführung des Gleichschritts die Militärtrommel als taktangebendes Instrument. Schon im Jahre 1705 wurden Schalmeibläser von Trommlern begleitet. 1767 wies die Blasmusikbesetzung der Infanterieregimenter zwei Oboen, zwei Klarinetten, ein Fagott, zwei Trompeten und etwas später auch Hörner auf. Im Jahre 1851 fand die vorerst letzte große Militärmusikreform statt. Diese führte schließlich zur Blütezeit der k. k. Militärmusik. Eine Besonderheit österreichischer Militärmusik ist, dass die meisten Kapellmeister als Zivilisten auf Vertragsbasis eingestellt wurden und daher keinen militärischen Rang besaßen. Viele von ihnen widmeten sich neben der Militärmusik der in Österreich mit Noblesse kultivierten leichten Musik. Bekannte österreichische Militärkapellmeister waren z. B. Philipp Fahrbach, Alfons Czibulka, Wilhelm Wacek, Kéler Béla, Karl Komzák, Carl Michael Ziehrer, Franz Lehár, Julius Fučík und

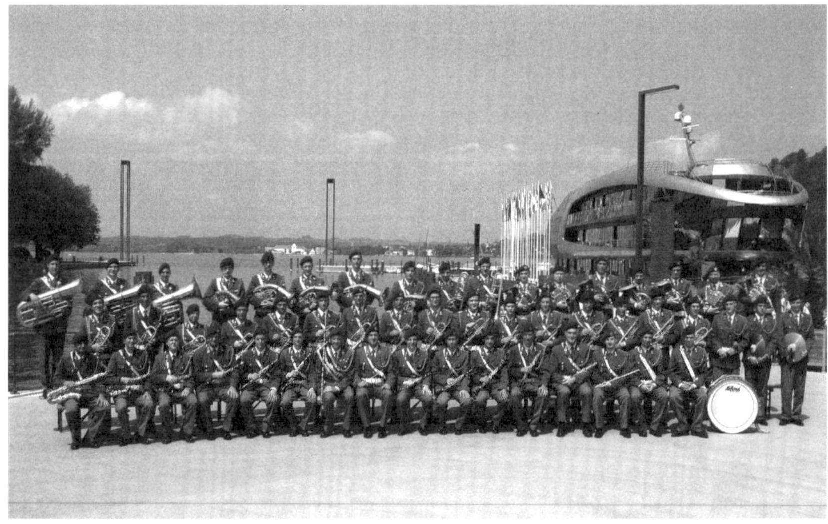

Abb. 26: Die Militärmusik Vorarlberg

Emil Nikolaus von Reznicek. Als Reorganisator des österreichisch-ungarischen Militärmusikwesens machte sich vor allem Andreas Leonhardt (1800 in Asch/Böhmen – 1866 in Wien) besonders verdient. Eine österreichische Besonderheit stellt die Tatsache dar, dass die österreichischen Militärkapellen sowohl als Blasorchester als auch in der Formation eines Salon- bzw. Sinfonieorchesters auftraten. Nach dem Zweiten Weltkrieg wurden leistungsfähige Militärkapellen aufgestellt, die sich unter Wahrung der Tradition auch der konzertanten und sinfonischen Blasorchesterkunst widmeten. Heute verfügen alle neun österreichischen Bundesländer über eine eigene Militärmusik. In Wien bestreitet die bekannte Gardemusik militärische Zeremonien und konzertante Auftritte.

Schweiz

Als Eigenheit der Schweiz gilt jene Gegebenheit, dass die Armee viele Jahre lediglich sogenannte Trompeterchöre für den Signaldienst und die Infanterie eine nur zwölf Mann starke »Kleine Marschmusik« besaß. Durch die Erhöhung der Zahl der Spielleute im Jahre 1912 wurde es möglich, die Besetzung der früheren Blechbläser-Ensembles nach orchestermäßigen Prinzipien auszurichten. Auch die große und die kleine Trommel sowie die Becken wurden wieder in die Grundbesetzung eingebaut. Nach dem Zweiten Weltkrieg mussten die Schweizer Militärkapellen ein weiteres Mal reduziert werden. Nach einer Verfügung aus dem Jahr 1953 zählte ein »Regimentsspiel« 42 Musiker und acht Tambouren. 1960 stellte das Schweizer Heer die »Regimentsspiele« auf Harmonie- und Blasorchesterbesetzungen um. Gegenwärtig verfügt die Schweiz über folgende Militärmusikformationen: Sinfonisches Blasorchester, Concert Band, Marching Band, Brass Band, Big Band sowie weitere 16 Wiederholungskurs-Formationen.

Großbritannien

In Großbritannien kann die Heeresmusik auf eine lange Tradition zurückblicken. Durch die Kreuzzüge kam Großbritannien nicht nur mit dem Orient, sondern auch mit verschiedensten anderen Völkern in Berührung und lernte dabei diverse Instrumente kennen. Mit der Einführung der Oboe gegen Ende des 17. Jahrhunderts beginnt die eigentliche Geschichte der Regimentsmusiken Großbritanniens. Schon im 13. Jahrhundert trat der Dudelsack bei den irischen Truppen in Erscheinung und begleitete sie seither bis auf den heutigen Tag. 1794 hatten die »Grenadier Guards« eine Besetzung von einer Flöte, sechs Klarinetten, drei Fagotten, zwei Hörnern, einer Trompete, Serpent und mehre-

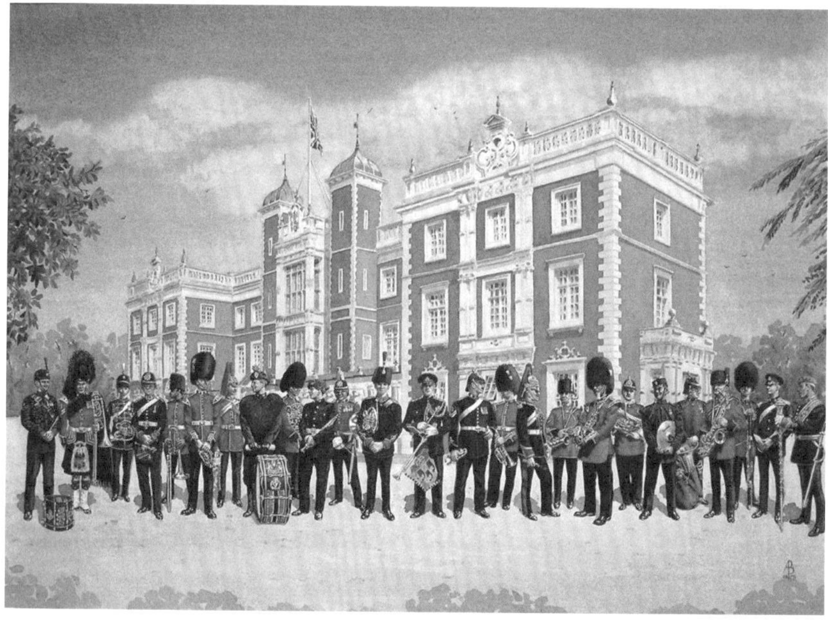

Abb. 27: »Royal Military School of Music« in Kneller Hall; Gemälde von Alix Baker

ren Trommeln. 1857 wurde in Kneller Hall die »Military School of Music« eröffnet, die später den Namen »Royal Military School of Music« erhielt und bis heute Bläser sowie Dirigenten für die Armee ausbildet. Im Jahre 1921 fand im Gebäude dieser Ausbildungsstätte eine Konferenz aller Armee-, Marine- und Luftwaffen-Musikdirektoren statt. Dabei ging es in erster Linie um Besetzungsfragen: Nachdem die qualifiziertesten britannischen Militärkapellen bereits damals Saxofone besetzt hatten, wurde die Besetzung allgemein dem »Französischen System« angeglichen.

Frankreich

Wie in den meisten anderen Ländern, so kann auch hier im Mittelalter von einer geregelten Militärmusik keine Rede sein. Im zweiten Drittel des 17. Jahrhunderts hatte jede französische Kompanie als Militärmusik vier Oboen und sechs Trommeln. Mit dem Regierungsantritt Ludwig XIV. (des »Sonnenkönigs«) begann eine neue Epoche der französischen Militärmusik. Auf persönlichen Befehl des Königs sammelte Philidor d. Ä. Märsche und Signale. Eine große Zahl dieser Musikstücke veröffentlichte Johann Georg Kastner später in der Notation Philidors. Auch Jean-Baptist Lully (1632 in Florenz – 1687 in Paris) komponierte mehrere Stücke für Militärmusik. Er war viele Jahre erfolgreicher Leiter der berühmten Hofkapelle Ludwigs XIV. Gegen Ende des 18. Jahrhunderts sah die Besetzung einer französischen Regimentskapelle wie folgt aus: zwei Oboen, vier Klarinetten, Pikkoloflöte, große Flöte, zwei Hörner, zwei Fagotte, Serpent und Janitschareninstrumente, später kamen noch Trompeten und Posaunen dazu. Dass die französische Militärmusik in der Revolutionszeit einen großen Aufschwung erlebte, wurde bereits erwähnt. Ihren Höhepunkt erreichte die französische Militärmusik in den Darbietungen der »Garde Républicaine«, die durch ihren überaus stark besetzten Holzsatz gerade prädestiniert ist, Transkriptionen großer Meister exemplarisch darzubieten.

Beim internationalen Militärmusiktreffen in Turin (1934) führte dieses Blasorchester beispielsweise Werke wie »Till Eulenspiegels lustige Streiche« von Richard Strauss und »Pini di Roma« von Ottorino Respighi auf.

Italien

Im Mittelalter ließ Italien an so manchem Hof, so auch am Hofe der Sforza in Mailand, Trompeter und Pfeifer aus Deutschland kommen. Die »Carroccio-Musik« gilt, wie wir bereits festgestellt haben, gleichzeitig als frühe militärische sowie als vielleicht erste städtische Blasmusikpflege. Die eigentliche Militärmusik entwickelte sich in Italien relativ spät. Erst im Jahre 1774 beauftragte Viktor Amadeus III. den Turiner Komponisten Gaetano Pugnani (1731 in Turin – 1798 ebenda), seine Heeresmusik neu zu organisieren. Im 18. Jahrhundert waren die militärischen Blasorchester mit zwei Oboen, vier Klarinetten, zwei Hörnern, zwei Fagotten und einem Serpent besetzt. Im 19. Jahrhundert ähnelte die Besetzung der italienischen Militärkapellen jenen der Franzosen. Bei den internationalen Militärmusiktreffen in Turin (1934) und Rom (1938) erwies sich der hohe künstlerische Stand der italienischen Militärkapellen sehr deutlich. Vom pädagogischen Standpunkt aus betrachtet ist die heutige italienische Militärmusik nicht vorbildlich organisiert, da der Staat in Rom gleich mehrere hervorragende Berufsblasorchester hält, dadurch aber die musikalische Breitenarbeit in den einzelnen Regimentern und Wehrmachtsabteilungen vernachlässigt.

Russland

Nach orientalischem Muster besaß Russland im Mittelalter eine Militärmusik mit mannigfaltigstem Schlagzeug, aber auch mit schrill klingenden Schalmeien. Im 18. Jahrhundert kam Russland in nähere Beziehung zu Preußen. Von da an haben sich diese beiden Staaten in militärischen Angelegenheiten ständig gegenseitig beeinflusst. Bei der Reform des russischen Heeres sorgte Zar Peter der Große auch für die Europäisierung der Militärmusik. Die russischen Militärkapellen wurden damals mit neun Oboen und 16 Kompanietrommeln besetzt. Anton Dörffeld, der Direktor sämtlicher Musikchöre der kaiserlich-russischen Gardekorps, beteiligte sich 1867 mit dem aus 70 Musikern zusammengesetzten »Chevalier-Gardecorps« erfolgreich am Wettbewerb der Pariser Weltausstellung und hatte bereits Saxofone besetzt. Von 1873 bis 1884 war kein Geringerer als Nikolai Rimski-Korsakow Inspektor der russischen Marinekapellen. Sehr gefördert wurde die Militärmusik von der Sowjetunion. In Moskau gibt es schon viele Jahre eine Hochschulausbildung für Militärmusikdirigenten. Ganz allgemein wird heute versucht, den »handwerksgerechten Militärkapellmeister« durch professionelle Dirigenten von Blasorchestern zu ersetzen. Die relativ großen Besetzungen heutiger russischer Militärkapellen entsprechen in etwa jenen Deutschlands.

In neuerer Zeit sind einige Staaten dazu übergegangen, nur mehr ein Berufsheer aufzustellen. Andere Staaten haben die Zahl der Wehrdiener drastisch reduziert. Von diesen Maßnahmen wurde natürlich auch die Militärmusik zutiefst getroffen. Gewisse Militärorchester wurden zahlenmäßig drastisch verkleinert, andere zusammengeschlossen oder sogar ganz aufgelöst. Diese Veränderungen sind für das gesamte Blasmusikwesen äußerst schmerzlich, da die Militärorchester nicht nur als Weiterbildungsinstitution von Bläsern und Dirigenten Hervorragendes leisten, sondern zudem noch immer auf das gesamte Blasmusikwesen eine nicht zu unterschätzende Vorbildwirkung ausüben.

Das zivile Blasmusikwesen

(Blas-)Musik der Amateure

Die Blasmusik ist heute fast weltweit vertreten: Sie wird in Mitteleuropa, in Nordamerika, aber auch in Japan besonders gepflegt. Derzeit bestehen weltweit über 185 000 Musikkapellen und Blasorchester.

Es lag nicht nur im Zug der Zeit, sondern es war eine neue Erkenntnis des 19. Jahrhunderts, dass eine gediegene Pflege der Amateurmusik der beste Nährboden für die professionelle Musik ist. Ohne Volksmusik, im weitesten Sinne des Wortes, verkümmert früher oder später auch die Kunstmusik.

Als frühester Zeitpunkt des Aufkommens ziviler Musikkapellen kann ganz allgemein jener der Einführung der Ventile der Blechblasinstrumente angenommen werden. Dies wäre also das Jahr 1813. Jedoch schrieben Chronisten älterer Stadtgemeinden und Ortschaften schon viel früher über »Die Musik« oder die »Türkische Musik«, mit deren Bezeichnungen man fast immer die damalige Musikkapelle meinte. Da die Gründung, der Auf- und Ausbau der Musikkapellen im zivilen Sektor sehr oft von ehemaligen Militärkapellmeistern vorgenommen wurde, ist es fast selbstverständlich, dass man diesen Einfluss während des gesamten 19. Jahrhunderts und darüber hinaus spürte. Nicht nur die gleiche Literatur und dieselbe Besetzung, sondern sogar das Tragen einer Uniform oder eines Schützenrocks anstelle einer Ortstracht bestätigt den militärischen Ursprung der Musikkapellen und Blasorchester. Man kann heute feststellen, dass die Harmoniemusikbesetzungen mehr in Gegenden mit Industrie und Gewerbe, hingegen die sogenannte Blech- oder Hornmusik vorwiegend in ländlichen Bezirken beheimatet war. Wie wir an anderer Stelle dieser Veröffentlichung sehen, begnügte man sich fast ein ganzes Jahrhundert lang literaturmäßig mit Märschen und Transkriptionen. Schon in den letzten Dezennien des 19. Jahrhunderts gab es einen Militärkapellmeister, dessen Originalwerke für Blasorchester zukunftsweisend wurden. Es war dies der deutsche Militärkapellmeister und spätere Dirigent der Stadtkapelle Bern/Schweiz, Carl Friedemann (1862 in München – 1952 in Bern), der nicht weniger als 140 Militär- bzw. Konzertmärsche und an die 20 Konzertstücke komponierte. Unter diesen Stücken befinden sich die Konzertouvertüre »Das Leben ein Kampf« sowie das »Concertino für Klarinette und Blasorchester«. Zu seinen Zeitgenossen zählen der »große böhmische Musikant« Julius Fučík (1827 in Prag – 1916 in Berlin), der rund 240 Werke der gehobenen Unterhaltungsmusik, darunter die Ouvertüre »Marinarella« und den »Florentiner Marsch«, komponierte, und der ehemalige Dirigent des Berliner Philharmonischen Blasorchesters, Franz von Blon (1861 in Berlin – 1945 in Seilershof/Brandenburg), der als Komponist vor allem durch seine »Dramatische Ouvertüre« und den Marsch »Heil Europa« bekannt wurde.

Zu den Pionieren der Originalkompositionen für Blasorchester aus dem deutschen Sprachraum gehören Anfang des 20. Jahrhunderts Hermann Grabner (1886 in Graz – 1969 in Berlin), der neben vielen anderen Werken auch mehrere Stücke für Blasorchester schrieb. Davon nennen wir nur die »Burgmusik« op. 44 und das »Concerto Grosso« op. 57. Paul Höffer (1895 in Barmen – 1949 in Berlin) setzte sich mit seinen Werken »Heitere Bläsersinfonie« (1941) und »Festliche Ouvertüre« für die originale Blasorchesterliteratur ein. Auch die »Fliegermusik« und die »Kleine Bläser-Sinfonie« von Harald Genzmer (1909 in Blumenthal/Bremen – 2007 in München) gehören zu dieser Gattung Bruno Stürmer (1892 in Freiburg im Breisgau – 1958 in Bad Homburg) leistete seinen Beitrag mit der »Heiteren Musik« und dem Werk »Den Gefallenen« op. 57 für Männerchor und Blasorchester. Schöpferisch bereichert wurde die Blasorchesterliteratur aber auch von Eberhard Ludwig Wittmers (1905 in Freiburg im Breisgau – 1989 ebenda)

»Suite für Blasorchester«, von Boris Blachers (1903 in Newchwang/ China – 1975 in Berlin) »Divertimento für Blasorchester« op. 7 und von Hugo Hermanns (1896 in Ravensburg – 1967 in Stuttgart) »Süddeutschen Dorfmusiken«.

Während wir es bei den vorhin genannten Komponisten mit Musikern zu tun hatten, die sich nur gelegentlich mit der Schaffung von Werken für Blasorchester befassten, so sind Willy Schneider (1907 in Kirchheim/Teck – 1983 in Oberlenningen) und Hermann Regner (1928 in Marktoberdorf – 2008 in Großgmain) Tonschöpfer, die sich zeitlebens mit dem Blasorchester befassten. Schneiders »Festliche Musik« und »Capriccio für Blasorchester« sowie Regners »Spielmusik aus Schwaben« und »Drei lederne Strümpf«, um nur einige wenige zu nennen, sind für Amateurmusiker heute noch genauso anspruchsvoll wie ansprechend.

Deutschland

In Deutschland machten sich unter anderem noch folgende Komponisten um die Blasmusik verdient:

- Carl Teike (1864 – 1922)
- Hermann Ludwig Blankenburg (1876 – 1956)
- Hans Felix Husadel (1897 – 1964)
- Edmund Löffler (1900 – 1998)
- Viktor Hasselmann (1904 – 1983)
- Gustav Lotterer (1906 – 1987)
- Paul Kühmstedt (1908 – 1996)
- Hans Mielenz (1909 – 1996)
- Hellmut Haase-Altendorf (1912 – 1990)
- Willi Löffler (1915 – 2000)
- Ernest Majo (1916 – 2002)
- Hans Hartwig (1917 – 2012)

- Peter Seeger (1919 – 2008)
- Kurt Rehfeld (1920 – 2011)
- Gerbert Mutter (1922 – 1989)
- Dieter Herborg (1925 – 2005)
- Manfred Schneider (1953 – 2008)
- Kurt Gäble (1953)
- Rolf Rudin (1961)

Österreich

Mit einem spürbaren Hintergrund aus der Tradition der Donaumonarchie hat sich der blasmusikalische Kulturraum Österreichs entfaltet und wurde von mehreren Komponisten geprägt, die sich schöpferisch der Militärmusik, aber auch den zivilen Blasorchestern zuwandten. Umfangreiche Originalwerke für Blasorchester schrieben bereits um die Mitte des 20. Jahrhunderts der oberösterreichische Komponist Franz Kinzl (1895 in Mettmach – 1978 in Lambach) mit seiner »Sym-

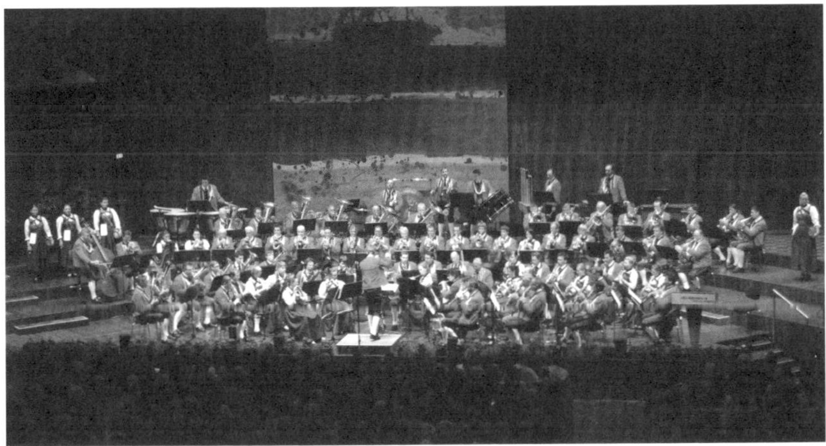

Abb. 28: Die Stadtkapelle Wilten/Innsbruck aus Österreich

phonie in c-Moll« für großes Blasorchester sowie der Südtiroler Komponist Josef Eduard Ploner (1894 in Sterzing – 1955 in Innsbruck) mit seiner »Symphonie in Es-Dur«, beide mit vier weit ausladenden Sätzen. Österreichische Blasmusikkomponisten von Bedeutung sind des Weiteren:

- Karl Komzák jun. (1850 – 1905)
- Erwin Trojan (1888 – 1957)
- Sepp Thaler (1901 – 1982), Südtirol
- Max Schönherr (1903 – 1985)
- Sepp Tanzer (1907 – 1983)
- Herbert König (1911 – 1991)
- Bruno Sulzbacher (1936)
- Eugen Brixel (1939 – 2000)
- Gottfried Veit (1943), Südtirol
- Franz Cibulka (1946)
- Johann Stegfellner (1958)
- Thomas Doss (1966)
- Peter Wesenauer (1966)
- Otto M. Schwarz (1967)
- Reinhard Summerer (1971)
- Armin Kofler (1981), Südtirol

Schweiz

Ein beachtliches Niveau haben die Blasorchester der Schweiz, welches sie nicht nur bei den Konzertwertungsspielen der alle fünf Jahre stattfindenden »Eidgenössischen Musikfeste«, sondern auch bei den Musikfesten in den einzelnen Kantonen immer wieder unter Beweis stellen. Gegenwärtig findet man in der Schweiz sowohl Harmonieorchester als auch Brass Bands, die sich mit Vorliebe der zeitnahen Originalmusik widmen. Einer der Pioniere unter den Schweizer Komponisten war Stephan Jaeggi (1903 in Fulenbach – 1957 in Bern), der mit seiner dramatischen Fantasie aus dem Jahre 1921, »Titanic«, und mit seiner »Romantischen Konzertouvertüre« sozusagen Blasmusikgeschichte geschrieben hat. Von unschätzbarer Bedeutung für die Schweizer Blasmusik ist auch Paul Huber (1918 in Kirchberg – 2001 in St. Gallen), der mit seiner sinfonischen Studie »Der Dämon« bereits 1966 auf sich aufmerksam machte und in der Folge das Blasmusikrepertoire mannigfaltig bereicherte: Kompositionen wie »Evocazioni« oder »Vision« zählen mittlerweile zu den Standardwerken des Blasorchesters. Die Schweiz hat verhältnismäßig viele Blasmusikkomponisten hervorgebracht, auch deshalb, weil sich mehrere ausländische Tonschöpfer in der Schweiz niedergelassen haben:

- Carl Friedemann (1862 – 1952)
- Gustave Doret (1866 – 1943)
- Franz Springer (1881 – 1950), Deutschland
- Heinrich Steinbeck (1884 – 1967), Deutschland
- Arthur Ney (1887 – 1963), Deutschland
- Gian Battista Mantegazzi (1889 – 1958)
- Martin Herrmann (1890 – 1942)
- Philippe Jules Godard (1899 – 1978), Belgien
- Robert Blum (1900 – 1994)
- Franz Königshofer (1901– 1971), Österreich
- Jean Daetwyler (1907 – 1994)
- Bernard Schulé (1909 – 1996)
- Albert Jenny (1912 – 1992)
- Albert Häberling (1919 – 2012)
- Hans Moeckel (1923 – 1983)
- Albert Benz (1927 – 1988)
- Jean Balissat (1936 2007)
- Franco Cesarini (1961)
- Massimo Gaia (1961)
- Oliver Waespi (1971)

Niederlande

Ein ausgesprochenes Blasmusikland sind die Niederlande. Die Niederlande verdanken ihr hohes blasmusikalisches Niveau gleich mehreren Faktoren: Zum einen wurde dort die Dirigentenausbildung für Blasorchester bereits vor Jahrzehnten in den Konservatorien eingeführt, zum anderen besitzt dieses Land zwei Verlagshäuser (Molenaar und De Haske) mit sehr starker Ausstrahlung, und nicht zuletzt trägt seit über 60 Jahren auch der Blasorchesterwettbewerb in Kerkrade (»World Music Contest Kerkrade«) zum ausgezeichneten Blasmusik-Image dieses Landes bei. Das viel verwendete Kürzel »HaFaBra« bedeutet »Harmonie«, »Fanfare« und »Brassband«, also die drei verschiedenen Besetzungstypen dieses Landes. In den Niederlanden gibt es nicht nur viele namhafte Blasorchesterdirigenten, sondern auch viele namhafte Blasorchesterkomponisten:

- Johan Wichers (1887 – 1956)
- Gerard Boedjin (1893 – 1972)
- Henk Badings (1907 – 1987)
- Pi Scheffer (1909 – 1988)
- Meindert Boekel (1915 – 1989)
- Jurriaan Andriessen (1925 – 1996)
- Henk van Lijnschooten (1928 – 2006)
- Kees Vlak (1938)
- Kees Schoonenbeek (1947)
- Jan de Haan (1951)
- Johan de Meij (1953)
- Jacob de Haan (1959)

Italien

Mit Ausnahme der autonomen Provinz Trient kann das italienische Blasmusikwesen auf Amateurebene mit jenem der bereits genannten

Länder nicht Schritt halten. Im Gegensatz dazu verfügt aber die Hauptstadt Rom gleich über mehrere hervorragende Blasorchester, wie beispielsweise die Banda dell'Esercito, die Banda Musicale della Polizia di Stato, die Banda Musicale dell'Aeronautica Militare und die Banda Musicale della Guardia di Finanza. Wie in anderen romanischen Ländern stand auch in Italien viele Jahrzehnte die Transkription klassischer (Opern-)Musik im Mittelpunkt. Nun gibt es aber auch eine verstärkte Hinwendung zur Originalmusik für Blasorchester. Zwei relativ frühe italienische Originalwerke für Blasorchester sind die Komposition »Il Giudizio Universale« (»Das Jüngste Gericht«) von Camillo De Nardis (1857 in Orsogna – 1951 in Napoli) und das sinfonische Triptychon »Al Piemonte« von Carlo Alberto Pizzini (1905 in Rom – 1981 ebenda). Weitere bekannte italienische Blasorchesterkomponisten sind:

- Antonio Pasculli (1842 – 1924)
- Alessandro Vessella (1860 – 1929)
- Mariano Bartolucci (1881 – 1976)
- Giovanni Orsomando (1895 – 1988)
- Pietro Vidale (1902 – 1976)
- Giancarlo Aleppo (1937)
- Carlo Pirola (1945)
- Fulvio Creux (1956)
- Daniele Carnevali (1957)
- Lorenzo Della Fonte (1960)
- Marco Somadossi (1968)

Frankreich

Die blasmusikalische Situation in Frankreich kann mit jener Italiens verglichen werden. Die großen französischen Blasorchester der Streitkräfte und der Polizei, die in Paris ihren Sitz haben, sind wegen ihres hohen künstlerischen Niveaus in ganz Europa bekannt. Eines der typischen Kennzeichen französischer Blasorchester ist die überaus starke Besetzung des Saxofonregisters. Ebenso auffallend ist, dass Frankreichs Blasorchester zu einem großen Teil Literatur aus dem eigenen Land spielen. Von den französischen Blasorchesterkomponisten fallen vor allem Serge Lancen (1922 in Paris – 2005 ebenda) und Ida Gotkovsky (1933 in Calais) ins Auge. Schlüsselwerke von Serge Lancen sind zum Beispiel die »Symphonie de Paris« oder die »Missa Solemnis«. Dazu zählen auch Werke wie »Poème du Feu« und »Symphonie brillante« von Ida Gotkovsky. Weitere französische Komponisten, die sich dem Blasorchester widmeten, sind:

- Adolphe Charles Adam (1803 – 1856)
- Adolphe Valentin Sellenick (1826 – 1893)
- Gabriel Allier (1863 – 1924)
- Francis Popy (1874 – 1928)
- Paul Fauchet (1881 1937)
- Albert Thiry (1886 – 1966)
- Germaine Tailleferre (1892 – 1983)
- Julien Jourquin (1896 – 1969)
- Jean Françaix (1912 – 1997)
- Maurice Faillenot (1920)
- Désiré Dondeyne (1921)
- Jean-Claude Amiot (1939)

Belgien

Auch in Belgien gibt es ein reges Blasmusikleben. Allseits bekannt wurde in den letzten Jahrzehnten das Konzertblasorchester der Königlichen Musik der Gidsen unter dem Chefdirigenten Norbert Nozy vor allem mit hochqualifizierten Tonträger-Einspielungen. Belgien kann zudem mit mehreren namhaften Blasmusikkomponisten aufwarten: Zur älteren Generation zählt Marcel Poot (1901 in Vilvoorde – 1988 in Ixelles/Elsene) mit seiner »Musique de concert«, zur mittleren Generation Jan Van der Roost (1956 in Duffel) mit seiner »Sinfonietta« und zur jüngeren Generation Bert Appermont (1973 in Bilzen) mit seinem Werk »Noah's Ark«. Weitere belgische Blasorchesterkomponisten sind:

- Paul Gilson (1865 – 1942)
- Fernand Rogister (1872 – 1954)
- Jos Moerenhout (1909 – 1985)
- Georges Follman (1920)
- Marcel De Boeck (1921)
- Frans Ludo Verbeeck (1926 – 2000)
- Jan Segers (1929)
- Jacqueline Fontyn (1930)
- André Waignein (1942)
- Karel De Wolf (1952 – 2011)
- Jan Hadermann (1952)

Spanien

In Spanien ist es vor allem die Provinz Valencia, die ein florierendes Blasmusikwesen aufzuweisen hat. In der Stadt Valencia wird alljährlich der internationale Blasorchesterwettbewerb »Certamen Internacional de Bandas de Música« ausgetragen, der jedes Mal ein großes Publikum anlockt. Eine Faszination für Aug und Ohr stellen immer wieder die Höchststufenorchester dar, die bis zu 180 Mitglieder zählen und alle nur erdenklichen Mangelinstrumente – auch chorisch besetzte Celli und Streichbässe – aufweisen. Das Repertoire dieser Blasorchester ist sehr oft von romantischen Transkriptionen geprägt. Als Komponist äußerst erfolgreich war in den letzten Jahren Ferrer Ferran (1966 in Valencia) beispielsweise mit seinen Werken »Tormenta del Desierto« und »La Passió de Christ«. Weitere Blasorchesterkomponisten Spaniens sind:

- Ricardo Villa (1873 – 1935)
- Joaquín Turina (1882 – 1949)

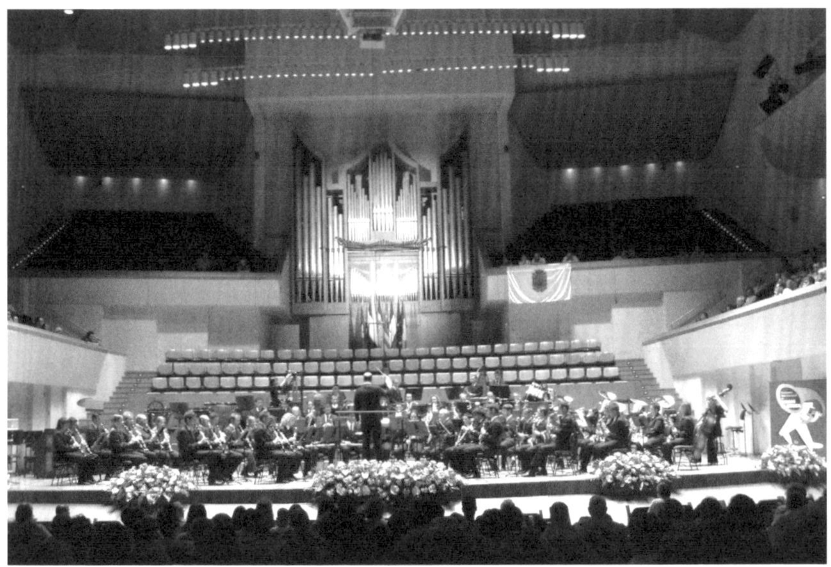

Abb. 29: Die spanische Banda Municipal de Música de Soria

- Ricardo Dorado Janeiro (1907 – 1988)
- Miquel Asins Arbó (1918 – 1996)
- Juan Vincente Mas Quiles (1921)
- Rafael Talens Pelló (1933 – 2012)
- Amando Blanquer Ponsoda (1935 – 2005)
- Bernardo Adam Ferrero (1942)

Großbritannien

Von Großbritannien war schon im Zusammenhang mit Gustav Holst, Percy Aldridge Grainger, Ralph Vaughan Williams und Gordon Jacob die Rede. Dieses Traditionsland der Blasmusik konzentrierte sich jahrzehntelang nahezu ausschließlich auf die Brass Band. Die alljährlich in London in der berühmten Royal Albert Hall stattfindenden Brass-

Band-Wettbewerbe zeugen nicht nur von einer gewachsenen Tradition, sondern auch von einem überaus hohen musikalischen Potenzial. Bemerkenswert ist, dass bei diesen Wettbewerben fast ausschließlich britische Kompositionen auf den Programmen stehen. Als Blasmusikkomponist ist derzeit Philip Sparke (1951 in London) eindeutig führend. Sein bekanntestes Werk »Orient Express« entstand ursprünglich (1986) für Brass Band und wurde von ihm persönlich später auch für sinfonisches Blasorchester orchestriert. Zu den bekanntesten Komponisten Großbritanniens zählen weiterhin:

- John Ireland (1879 – 1962)
- Arthur Bliss (1891 – 1975)
- William Walton (1902 – 1983)
- Gilbert Vinter (1909 – 1969)
- Adrian Cruft (1921 – 1987)
- Malcolm Arnold (1921 – 2006)
- Joseph Horovitz (1926)
- Elgar Howarth (1935)
- Guy Woolfenden (1937)
- Derek Bourgeois (1941)
- Edward Gregson (1945)
- Paul Patterson (1947)
- Philip Wilby (1949)
- Peter Graham (1958)

Tschechien

In Tschechien wurden jahrzehntelang hauptsächlich die kleinen Besetzungen mit böhmisch-mährischer Polka-, Walzer- und Marschmusik gepflegt. Seit etwas mehr als 30 Jahren erscheinen aber im Musikverlag Rundel (Deutschland) zunehmend auch anspruchsvolle Originalkompositionen für vollständig besetzte Blasorchester tschechischer Komponisten. Vom allseits bekannten Altmeister Julius Fučík wurde bereits an anderer Stelle berichtet. Jindřich Praveček (1909 in Výprachtice – 2000 in Prag) war mit seiner Konzertouvertüre »Heimatland« und mit seiner Komposition »Karneval des Lebens« auch äußerst erfolgreich. Andere bedeutende Blasmusikkomponisten Tschechiens sind:

- Zdeněk Jonák (1917 – 1995)
- Jiří Pauer (1919 – 2007)
- František Maňas (1921 – 2004)
- Miroslav Juchelka (1922 – 2001)
- Pavel Staněk (1927)
- Josef Ceremuga (1930 – 2005)
- Evžen Zámečník (1939)

Ungarn

Ungarn war das erste Land, das sich musikalisch vom Warschauer Pakt losgelöst hat. Einen Beitrag dazu leistete nicht zuletzt auch die »Editio Musica Budapest«, indem sie Notenausgaben publizierte, die den europäischen Standards in nichts nachstehen. Als treibende Kraft auf dem Gebiet der sinfonischen Blasmusik gilt zweifelsohne László Marosi. Er wirkte in Budapest als Militärkapellmeister, Dirigent sowie als Dirigierlehrer und veröffentlichte, zum Beispiel mit dem Sinfonischen Blasorchester der Franz-Liszt-Akademie Budapest, mehrere exemplarische Tonträger. Von den ungarischen Blasmusikkomponisten steht Frigyes Hidas (1928 in Budapest – 2007 ebenda) eindeutig an erster Stelle. Besonders beeindruckend sind seine Komposition »Festive music« sowie sein »Requiem« für Soli, Chor und Blasorchester. Vergessen wollen wir in diesem Zusammenhang aber auch nicht ungarische Komponistennamen wie:

- György Ránki (1907 – 1992)
- Iván Patachich (1922 – 1993)
- Kamilló Lendvay (1928)

- Bogár István (1937 – 2006)
- László Dubrovay (1943)

Des Weiteren können vor allem drei Länder blasmusikalisch als tonangebend bezeichnet werden: Russland, die USA und Japan.

Russland

Russland besetzt eine lange Blasmusiktradition und bildet in unserer Betrachtung sozusagen jenes Tor, das uns über Europa hinausführt. Die Blasmusikszene wurde in Russland lange Zeit von den Militär- und Werkskapellen beherrscht. Allmählich bildet sich aber auch dort ein eigenständiges ziviles Blasmusikwesen. Die drei bekanntesten Blasmusikkomponisten dieses weiten Landes sind Nikolai Rimski-Korsakow, Alexander Tscherepnin (1899 in St. Petersburg – 1977 in Paris) und Georgi Salnikow (1923 in Moskau).

USA

Im Gegensatz zu Mitteleuropa spielt sich in den USA alles, was mit Blasmusik zu tun hat, in den Schulen ab. Dort gibt es kaum Musikvereine, aber dafür Universitäten, die teilweise über ein halbes Dutzend Blasorchester verfügen. Die Musiker dieser Ensembles erhalten meist eine gediegene Ausbildung. Neben den sinfonischen Blasorchestern (den sogenannten »Sitzorchestern«) gibt es in den USA auch noch die Wind Ensembles (mit relativ großer solistischer Bläserbesetzung) und die Marching Bands. Die USA hat eine fast unüberschaubare Zahl namhafter Blasmusikkomponisten hervorgebracht. Es ist fast unverzeihlich, hier nur drei ihrer Namen zu nennen: Alfred Reed (1921 in New York – 2005 in Miami), Claude T. Smith (1932 in Monroe City – 1987 in Raytown) und James Barnes (1949 in Hobart).

Japan

Seit einigen Jahrzehnten gibt es auch in Japan eine nicht unwesentliche Blasmusikszene. Allseits bekannt sind die grandiosen Einspielungen des Tokyo Kosei Wind Orchestra, das jährlich bis zu sechs CDs produziert. Es entstehen dort aber immer wieder neue Blasorchester, die sehr professionell ausgerichtet sind. Nicht zu übersehen ist allerdings, dass all diese Blasorchester sowohl von der Besetzung als auch vom Repertoire her mehr oder weniger US-amerikanische Stilkopien sind. Zu den drei bekanntesten Blasmusikkomponisten Japans zählen derzeit Naohiro Iwai (1923 in Tokio), Masaru Kawasaki (1924 in Tokio) und Yasuhide Itō (1960 in Hamamatsu).

Schließlich sei noch darauf hingewiesen, dass das Blasmusikwesen in vielen Ländern hervorragend organisiert ist. Die Musikkapellen und Blasorchester, die sich als Vereine definieren, sind meist auf Bezirks-, Landes- und Bundesebene in Verbänden zusammengeschlossen. Die drei wichtigsten internationalen Dachverbände, die sich speziell dem »Phänomen Blasmusik« widmen, sind:

Die Confédération Internationale des Sociétés Musicales (CISM)

Sie wurde im Jahre 1949 gegründet und ist der freiwillige Zusammenschluss nationaler Musikverbände für Blasmusik, Percussion, Tambour-, Bläser- und Pfeiferkorps (Drum-, Bugle- and Piperbands). Die 22 stimmberechtigten Mitgliedsverbände umfassen derzeit rund 20 000 Musikvereine. Die prioritären Ziele der CISM sind:

a) Die Blasmusikkultur zu erhalten, zu pflegen und zu fördern.
b) Kompositionen und einschlägige Fachliteratur zu fördern und zu vermitteln.

c) Die gemeinsamen Interessen ihrer Mitglieder auf europäischer und internationaler Ebene wahrzunehmen.
d) Die Kommunikation und den Informationsaustausch zwischen den Mitgliedern zu pflegen und zu fördern.
e) Die Qualifizierung durch Aus- und Fortbildung auf dem Gebiet der Blasmusik zu fördern.
f) Internationale Begegnungen, insbesondere auch auf dem Gebiet des Jugendaustauschs, zu vermitteln und auch selbst durchzuführen.
g) Gegenseitige kulturelle Verständigung unter den Völkern zu leisten.

Die Internationale Gesellschaft zur Erforschung und Förderung der Blasmusik (IGEB)

Sie definiert sich selbst wie folgt: »Die IGEB wurde 1974 im Rahmen des ersten wissenschaftlichen Kongresses zur Erforschung der Blasmusik an der damaligen Hochschule für Musik und darstellende Kunst (heute Kunstuniversität) Graz/Österreich gegründet. Bereits 1966 traf sich in Sindelfingen bei Stuttgart ein kleiner Kreis von Blasmusikforschern, Praktikern und Liebhabern, um die ›Kommission zur Erforschung des Blasmusikwesens‹ zu gründen, der dann die IGEB folgte. Ziel der Gesellschaft ist die Erforschung aller Aspekte des Blasmusikwesens. Mittel dazu sind die Kongresse zum Gedanken- und Wissensaustausch von Wissenschaftlern, Dirigenten, interessierten Musikern und Amateuren. Weiters dient die Publikationsreihe ›Alta Musica‹ zur Verbreitung der Forschungsergebnisse aus unterschiedlichsten Themenkreisen des Blasmusikwesens. Derzeit gehören der IGEB über 420 Mitglieder aus über 30 Ländern an.«[23]

Die World Association for Symphonic Bands and Ensembles (WASBE)

Sie ist eine weltweite Vereinigung sinfonischer Blasorchester und Ensembles, die 1981 in Manchester/Großbritannien gegründet wurde. Zweck der Vereinigung ist die Förderung der sinfonischen Blasmusik und deren Anerkennung in der Öffentlichkeit. Seit 1989 ist die WASBE Mitglied der UNESCO, der Kulturorganisation der Vereinten Nationen. Inzwischen gehören dieser Organisation über 1200 Mitglieder aus mehr als 50 Staaten an. Jährlich erscheint ein umfangreiches WASBE-Journal.

Abbildungsverzeichnis

Abb. 1: Germanische Luren aus Bronze

Abb. 2: Tuba und Cornu der berittenen Truppen im alten Rom (Wilhelm Dilich, 1589)

Abb. 3: Der Carroccio; Nachbildung aus unserer Zeit bei der historischen Parade 2007 in Rom
Quelle: it.wikipedia.org/wiki/Palio_di_Legnano

Abb. 4: Der Markusdom in Venedig

Abb. 5: Gottfried Reiche; Öl auf Leinwand, von Elias Gottlob Haussmann (1695–1774)
Quelle: wikipedia.org/wiki/Gottfried_Reiche

Abb. 6: Georg Friedrich Händel
Quelle: wikipedia.org/wiki/Georg_Friedrich_Händel

Abb. 7: Feuerwerk auf der Themse am 15. Mai 1749 anlässlich des Aachener Friedens zum Ende des Österreichischen Erbfolgekrieges; Händel komponierte dazu die »Feuerwerksmusik«.
Quelle: wikipedia.org/wiki/Feuerwerksmusik

Abb. 8: Trompeter und Pauker beim Triumphzug Maximilians; Holzschnitt aus dem 16. Jahrhundert

Abb. 9: Historischer Schellenbaum

Abb. 10: Türkisches Musikkorps mit Schalmeibläsern, Trommlern, Beckenspielern, Paukern, Trompetern und Schellenbaumträgern; nach Arif Pascha »Les Anciens costumes de l'Empire Ottoman«

Abb. 11: Die Marseillaise, Nationalhymne der Französischen Republik
Quelle: wikipedia.org/wiki/Marseillaise

Abb. 12: Wolfgang Amadeus Mozart; Gemälde von Barbara Krafft im Jahr 1819
Quelle: wikipedia.org/wiki/Wolfgang_Amadeus_Mozart

Abb. 13: Felix Mendelssohn Bartholdy; Ölgemälde von Eduard Magnus, 1846
Quelle: wikipedia.org/wiki/Felix_Mendelssohn_Bartholdy

Abb. 14: Das Gewandhaus-Bläserquintett
Quelle: www.gewandhausblaeserquintett.de

Abb. 15: Wilhelm Friedrich Wieprecht

Abb. 16: Johannes Kuhlo mit Kuhlo-Horn
Quelle: www.epid.de

Abb. 17: Posaunenspieler auf dem Titelblatt des »Israelsbrünnlein« von J. H. Schein 1623

Abb. 18: Der Gymnasial-Posaunenchor Gütersloh in traditionellen Uniformen beim Pfingstkonzert 2006 im Stadtpark (Foto: Gymnasial-Posaunenchor, Fotograf Philip Granow)

Abb. 19: »Uster Suite« von Albert Häberling, Molenaar, Wormerveer 1964

Abb. 20: Die Hawkeye Marching Band der University of Iowa spielt während der Halbzeitpausen aller Football-Heimspiele der »Iowa Hawkeyes« (Foto: Hawkeye Marching Band)

Abb. 21: Die englische Harrogate Brass Band aus der Grafschaft North Yorkshire (Foto: Harrogate Brass Band)

Abb. 22: Gustav Holst (um 1921)
Quelle: wikipedia.org/wiki/Gustav_Holst

Abb. 23: Paul Hindemith (1921). Mit freundlicher Genehmigung der Fondation Hindemith, Blonay (CH)

Abb. 24: CD »Donaueschingen 1926«, eingespielt vom Landesblasorchester Baden-Württemberg unter der Leitung von Harry D. Bath

Abb. 25: Igor Strawinsky
Quelle: wikipedia.org/wiki/Igor_Strawinsky

Abb. 26: Die Militärmusik Vorarlberg

Abb. 27: »Royal Military School of Music« in Kneller Hall; Gemälde von Alix Baker
Quelle: http://www.alixbaker.com/Military-Gallery(498343).htm

Abb. 28: Die Stadtkapelle Wilten/Innsbruck aus Österreich

Abb. 29: Die spanische Banda Municipal de Música de Soria (Foto: Roberto Carnicero)

Abb. 30: Bläserquintett; anonyme Miniatur

Abb. 31: Harmoniemusik mit acht Blasinstrumenten und Bass

Abb. 32: Krummhörner; Darstellung im »Syntagma musicum«, Band 2 (1619)
Quelle: wikipedia.org/wiki/Krummhorn

Abb. 33: St. Galler Neumen; geschrieben zwischen 922 und 926 n. Chr.
Quelle: wikipedia.org/wiki/Neume

Abb. 34: Stadtpfeifer um 1555 (Fra Olaus Magnus)
Quelle: wikipedia.org/wiki/Stadtpfeifer

Abb. 35: Musiker beim Triumphzug Maximilians; Holzschnitt aus dem 16. Jahrhundert

Abb. 36: Johannes Brahms, 1889
Quelle: wikipedia.org/wiki/Johannes_Brahms

Abb. 37: Thomas Doss
Quelle: www.thomas-doss.com

Abb. 38: Percy Aldridge Grainger, 1922
Quelle: wikipedia.org/wiki/Percy_Grainger

Abb. 39: Gustav Holst, ca. 1921
Quelle: wikipedia.org/wiki/Gustav_Holst

Abb. 40: Giacomo Meyerbeer; Lithografie von Josef Kriehuber, 1847
Quelle: wikipedia.org/wiki/Giacomo_Meyerbeer

Abb. 41: Darius Milhaud, um 1926
Quelle: wikipedia.org/wiki/Darius_Milhaud

Abb. 42: Gioachino Rossini; Fotografie von Nadar
Quelle: wikipedia.org/wiki/Gioachino_Rossini

Abb. 43: Johan Philip Sousa (1900)
Quelle: wikipedia.org/wiki/John_Philip_Sousa

Abb. 44: Carl Maria von Weber; Bild von Caroline Bardua, 1821
Quelle: wikipedia.org/wiki/Carl_Maria_von_Weber

Quellen der Zitate

[1] Alessandro Vessella: »La banda dalle origini fino ai nostri giorni. Notizie storiche con documenti inediti e un'appendice musicale«, Milano, Istituto Editoriale Nazionale, 1935.

[2] Werner Bodendorff: »Historie der geblasenen Musik«, Druck und Verlag Obermayer, Buchloe 2002, S. 75.

[3] idem, S. 76.

[4] Willy Schneider: »Handbuch der Blasmusik«, Verlag Schott's Söhne, Mainz 1986, S. 23.

[5] idem, S. 23.

[6] »Hallische Stadtpfeifer-Ordnung« in folgendem Buch: Barbara Wiermann: »Die Entwicklung vokal-instrumentalen Komponierens im protestantischen Deutschland bis zur Mitte des 17. Jahrhunderts«, Abhandlung zur Musikgeschichte Band 14, Göttingen 2005.

[7] Gottfried Veit: »Die Blasmusik«, Edition Helbling, Innsbruck 1984, S. 26.

[8] idem, S. 27.

[9] idem, S. 30.

[10] idem, S. 37.

[11] idem, S. 48.

[12] Elmar Walter: »Blas- und Bläsermusik«, Verlag Hans Schneider, Tutzing 2011, S. 90.

[13] Wolfgang Suppan: »Österreichische Musikzeitschrift«, 21. Jahrgang, Wien 1966, Heft 9, S. 468.

[14] N. A. Rimski-Korsakow: »Leben und Werk in Erinnerungen, Briefe und kritische Stellungnahmen«, Moskau 1974

[15] Georg Kandler: »Die Militärmusik« in: »Musik in Geschichte und Gegenwart«, Verlag Bärenreiter, Kassel 1956, Band 9, S. 323.

[16] Gottfried Veit: »Die Blasmusik«, Edition Helbling, Innsbruck 1984, S. 51-52.

[17] idem, S. 64.

[18] »Neue Züricher Zeitung« vom 29. November 1956.

[19] Leon J. Bly: »Internationale Festliche Musiktage Uster«, BOF-Journal Nr. 1, Schweiz 1990, S. 201.

[20] Wolfgang Suppan: »Gustav Holst und die englische Gruppe«, in »Das neue Lexikon des Blasmusikwesens«, 4. Auflage, Blasmusikverlag Schulz 1994, S. 25.

[21] Winfried Gray: »Musik für Blasorchester 1926«, Copyright 1995 by »neue musik serie«, Schweiz, S. 69.

[22] Elmar Walter: »Blas- und Bläsermusik«, Verlag Hans Schneider, Tutzing 2011, S. 236.

[23] www.igeb.net/igeb.htm.

Verwendete und weiterführende Literatur

Altenburg, Johann Ernst: »Versuch einer Anleitung zur historisch-musikalischen Trompeter- und Pauker-Kunst«, New York 1966.

Benz, Albert u. a.: »Repertoirekunde (Literaturkunde) und Geschichte der Blasmusik«, Luzern 1987.

Benz, Albert: »Blasmusikkunde – Probenmethodik«, Rothenburg 1987.

Berg, Hans-Walter: »Blasorchester und Spielleute-Korps in der Bundesvereinigung Deutscher Blas- und Volksmusikverbände«, Stuttgart 1989.

Bly, J. Leon: »Internationale Festliche Musiktage Uster 1956 bis 1989«, Zürich 1990.

Blume, Friedrich (Hg.): »Die Musik in Geschichte und Gegenwart (MGG)«, Kassel 1949/1961/2002.

Bodendorff, Werner: »Historie der geblasenen Musik«, Buchloe 2002.

Degele, Ludwig: »Die Militärmusik, ihr Wesen und Werden«, Wolfenbüttel 1937.

Deisenroth, Friedrich: »Deutsche Militärmusik in fünf Jahrhunderten«, Wiesbaden 1961.

Della Fonte, Lorenzo: »La Banda: Orchestra del nuovo Millennio«, Sondrio 2003.

Ehmann, Wilhelm: »Die bläserische Kunst«, Kassel 1951.

Goldman, Richard Franko: »The Wind Band, Boston 1961.

Gray, Winfried: »Musik für Blasorchester 1926«, Cham 1995.

Habla, Bernhard: »Besetzung und Instrumentation des Blasorchesters seit der Erfindung der Ventile für Blechblasinstrumente bis zum Zweiten Weltkrieg in Österreich und Deutschland«, Tutzing 1990.

Heidler, Manfred Franz: »Musik in der Bundeswehr – Musikalische Bewährung zwischen Aufgabe und künstlerischem Anspruch«, Essen 2005.

Kastner, Georg: »Manuel général de Musique Militaire«, Paris 1848.

Panoff, Peter: »Die Militärmusik in Geschichte und Gegenwart«, Berlin 1938.

Paumgartner, Bernhard: »Das instrumentale Ensemble«, Zürich 1966.

Praveček, Jindřich: »Der Blasmusikdirigent heute«, Tettnang 1984.

Rameis, Emil: »Die österreichische Militärmusik von ihren Anfängen bis zum Jahre 1918«, ergänzt und bearbeitet von Eugen Brixel, Tutzing 1976.

Ried, Georg: »Blasmusik im Überblick«, Buchloe 1998.

Sachs, Curt: »Reallexikon der Musikinstrumente«, Hildesheim 1964.

Sadie, Stanley / Tyrrell John (Hg.): »The New Grove Dictionary of Music and Musicians«, New York 2001.

Sartori, Claudio / Bertini Argia: »Enciclopedia della musica«, Milano 1963-64.

Schneider, Willy / Berg Hans-Walter: »Handbuch der Blasmusik«, Mainz 1986.

Smith, Norman / Hauswirth Felix u. a.: »Programmnotizen – Musik für Blasorchester und Bläserensembles«, Cham 1993.

Suppan, Wolfgang / Suppan Armin: »Das Neue Lexikon des Blasmusikwesens«, Freiburg-Tiengen 1994.

Suppan, Wolfgang / Suppan Armin: »Das Blasmusik-Lexikon«, Kraichtal 2009.

Veit, Gottfried: »Das Blasorchester heute – Wer spielt was?«, Waidendorf 1999.

Veit, Gottfried: »Die Blasmusik – Studie über die geschichtliche Entwicklung der geblasenen Musik«, Innsbruck 1984.

Vessella, Alessandro / Giampieri Alamiro: »Studi di Strumentazione per Banda«, Milano 1954.

Vessella, Alessandro: »La banda delle origini ai nostri giorni«, Milano 1935.

Walter, Elmar: »Blas- und Bläsermusik«, Tutzing 2011.

Winter, Paul: »Der mehrchörige Stil«, Frankfurt 1964.

Zurmühle, Otto / Hauswirth, Felix: »Der Blasorchester Dirigent«, Adliswil 1997.

Stichwortverzeichnis

A

Abblasen 22, 29, 21
Ägypten 12
Amateurmusik 108
Ambrosianischer Gesang 16
Arrangement 68
Aulodie 14
Aulos 14ff.
Aulosbläser 14

B

Bearbeitung 68
Becken 40
Belgien 116
Bläserchöre 39
Bläserensemble 31, 69
Bläserquintett 63
Blasmusik 100
Blasorchester 32, 44
Blechbläserensemble 72
Blechblasinstrumente 44
Bomharten 37
Brass Band 84f., 118
British Open Championship 85
Bruderschaft der Kronen 21
Buccine 14, 45
Bucina 15
Busine 14

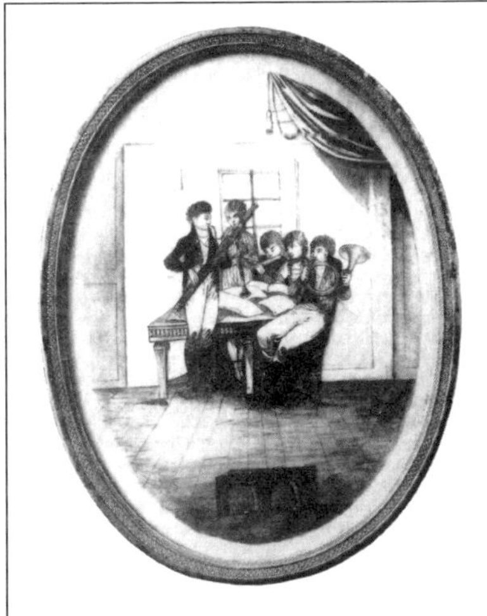

Abb. 30: Bläserquintett, anonyme Miniatur

C

»Cantare et sonare«-Praxis 28
Carroccio 23ff., 106
Certamen Internacional de Bandas de Música 117
Chaconne 30
Chazozra 14
China 13
Chorpartitur 74
Chromatik 26

Confédération Internationale des Sociétés Musicales (CISM) 122
Confèrie de St. Julien des mènestriers 31
Cornu 14, 17

D

Deutscher Turner-Bund 81
Deutschland 90, 110
Divertimento 87
Dodekaphonie 97
Donaueschingen 90, 93f.
Doppelrohrblatt 12
Drumband 81
Drum Corps 81
Drumline 81

E

École gratuite de Musique de la Garde Nationale 44

F

Fagott 41
Fanfare 29
Fanfarenzüge 80
Fasstrommeln 12
Feuerwerksmusik 32ff.
Folia 37
Frankreich 105, 115
Französische Revolution 44, 52
Freiluftmusik 32, 37
Fuge 30

G

Garde Nationale 45, 47
Gebrauchsmusik 90, 95
Germanien 11
Gigue 30
Glockenspiel 43
Gotik 36
Gregorianischer Choral 16
Griechenland 14, 16
Großbritannien 104, 118
Großer Zapfenstreich 101

H

HaFaBra 114
Harmoniemusik 41, 69
Heilige Barke 12

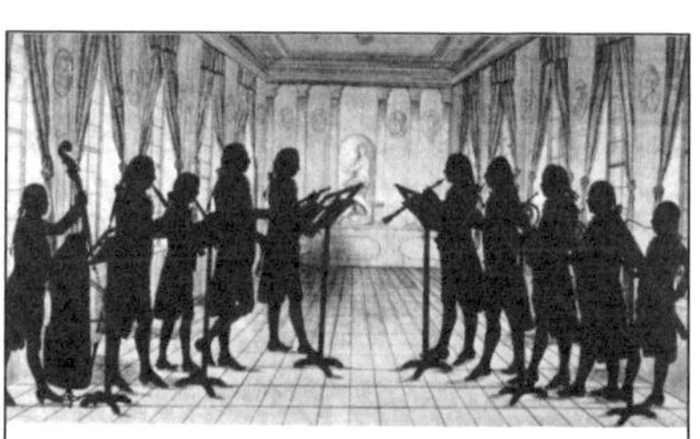

Abb. 31: Harmoniemusik mit acht Blasinstrumenten und Bass

Holzbläserquintett 63
Holzinstrumente 39
Horn 14, 41

I

Imperium Romanum 15f.
Infanterieregimentsmusik 101
Innungen 20
Instrumentation 68
Internationale Gesellschaft zur Erforschung und Förderung der Blasmusik (IGEB) 123
Intrada 29
Italien 106, 114

J

Janitscharenmusik 40f., 100
Japan 122

K

Kanzone 26, 30, 87
Karrasche 23
Kavallerie 100
Kesselpauken 39f.
Kitharodie 14
Klarinette 41
Klassik 49
Knochenflöte 11
Kornett 21
Kotola 14
Kriegsmusik 13
Krummhörner 37
Kuhlo-Horn 73
Kuhlo-Notation 74
Kymbalon 14

L

Landesblasorchester Baden-Württemberg 94
Landsknechtstrommel 39, 80
Lituus 14f.
Luren 11f.
Lyra 43

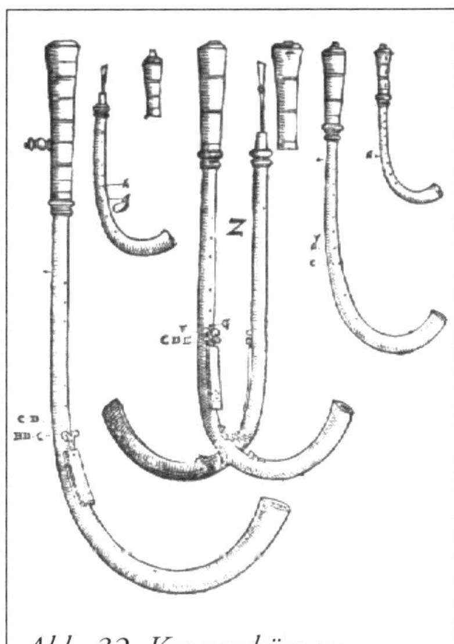

Abb. 32: Krummhörner; Darstellung im »Syntagma musicum«, Band 2 (1619)

M

Mailand 16
Marching Band 80ff., 121
Marschmusik 43, 119
Marseillaise 47
Mehrchörigkeit 26
Mensur 72
Mensuralnotation 18
Metallschellen 12
Militärkapelle 41
Militärmusik 15, 40, 71, 100ff.
Militärtrommel 102
Mittelalter 29, 36

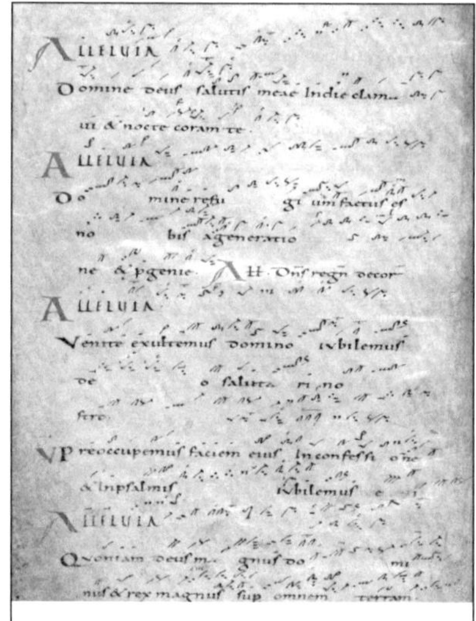

Abb. 33: St. Galler Neumen, geschrieben zwischen 922 und 926 n. Chr.

Moderne 95
musica alta 44
Musician company of the city of London 21
Musikkapelle 31, 83, 108

N

National Championship 84
Naturtrompeten 39, 80
Neumenschrift 18
Neuzeit 36
Nicolai-Bruderschaft 21
Niederlande 114

O

Oboe 41
Orchestrierung 68
Ordinarien 16
Originalkomposition 70
Österreich 102, 111

P

Palästina 13, 15
Panflöte 12, 14
Pauken 18, 22, 25
Pauker 19f., 37
Pavane 30
Pfeifer 19, 37, 100
Polyphonie 26, 49
Pommern 37, 39

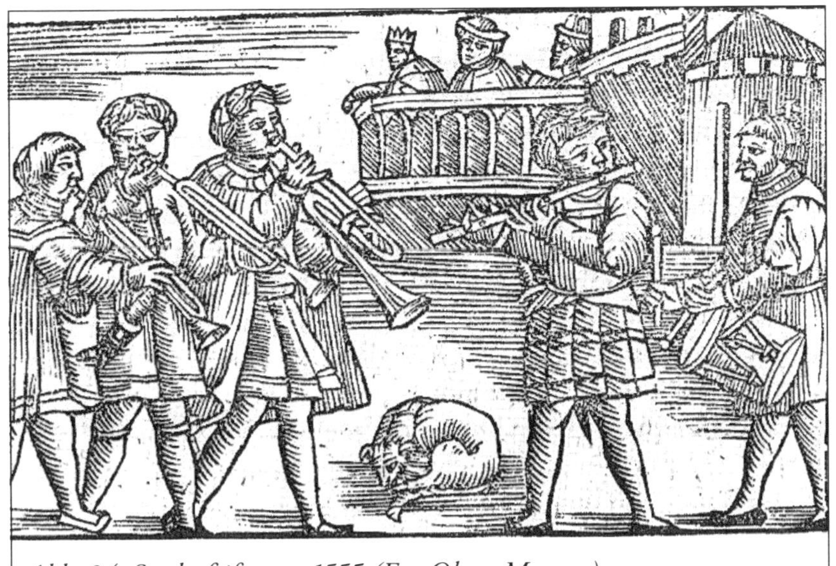

Abb. 34: Stadtpfeifer um 1555 (Fra Olaus Magnus)

Posaunen 22, 29, 72f.
Posaunenchor 31, 72ff.
Posaunen von Jericho 13
Posaunisten 37
Präludien 30
Proprien 16

Q

Querpfeifen 37, 39

R

Ratstrompeter 29
Rauschpfeifen 37, 39
Regimentsspiel 103
Renaissance 36, 49, 72
Rom 16
Romantik 54
Römisches Reich 15
Rondo 30
Royal Military School of Music 105
Russland 106, 121

S

Salpinx 14
Schalmeien 22, 37
Schellen 18

Schellenbaum 40, 42
Schlaginstrument 11f., 18, 39
Schofar 12
Schweiz 103, 113
Signal 37
Signale 29
Sinfonia 27
Sinfonieorchester 68
Sitzorchester 81, 121
Sonata 26, 29ff.
Sonatenform 31
Sonatenhauptsatzform 57
Spanien 117
Spielleute 20
Spielmannszug 80f.
Spil/Spyl 38, 80, 100
Stadtpfeifer 20ff., 29
Suite 30, 87
Syrien 16
Syrinx 12, 14f.

T

Tafelmusik 22
Tessin 16
Tibia 15f.
Toccata 87
Transkription 68f., 109, 115
Trauermusik 22
Triangel 40
Triumphzug Maximilians 38
Trommel 12, 18, 22, 40ff.

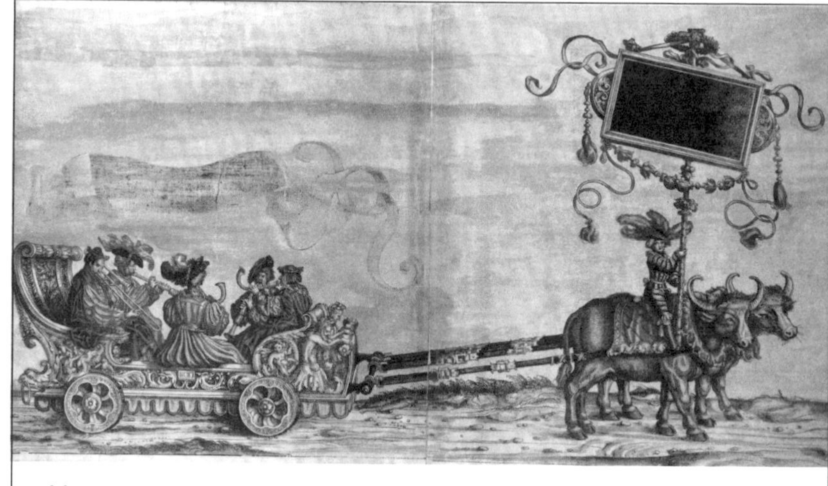

Abb. 35: Musiker beim Triumphzug Maximilians; Holzschnitt aus dem 16. Jahrhundert

Trommler 19, 21
Trommlerkorps 80f.
Trompete
11, 13, 15, 17, 25, 41, 73
Trompeter 19ff., 37
Tschechien 119
Tuba 14f., 17, 45
Türkische Becken 40
Türkische Musik 40ff.
Turmblasen 20, 31
Türmer 29f.
Türmerhorn 29
Turmmusik 29ff., 72
Tympanon 14

U

Ungarn 120
Unterhaltungsmusik 80
USA 121
Uster 76, 79

V

Venezianische Schule 26
Ventile 44
Volksmusik 87

W

Wiener Klassik 49
Wiener Philharmoniker 21
Wind Ensemble 121
World Association for Symphonic Bands and Ensembles (WASBE) 123
World Music Contest Kerkrade 114

Z

Zapfenstreich 52
Zinken 21f., 29, 37
Zugposaunen 39
Zünfte 20
Zweistimmigkeit 12
Zwölftontechnik 98

Personenverzeichnis

A

Adam Ferrero, Bernardo 118
Aleppo, Giancarlo 115
Alexander der Große 12
Allier, Gabriel 116
Amiot, Jean-Claude 116
Andriessen, Jurriaan 114
Appermont, Bert 117
Asins Arbó, Miquel 118
Arnold, Malcolm 66, 119

B

Bach, Johann Sebastian 22
Badings, Henk 31, 114
Balissat, Jean 113
Ball, Eric 86
Banchieri, Adriano 28
Barber, Samuel 66
Barnes, James 121
Bartolucci, Mariano 115
Bath, Harry D. 94
Bath, Hubert 86
Beckerath, Alfred von 31
Béla, Kéler 102
Benz, Albert 113
Berio, Luciano 66
Berlioz, Hector 59
Berton, Henri Montan 48
Bischof Ambrosius von Mailand 16
Bischof von Salamis, Epiphanius von Zypern 16
Blacher, Boris 109
Blankenburg, Hermann Ludwig 110
Blanquer Ponsoda, Amando 118
Blasius, Matthieu Frédéric 48
Bliss, Arthur 119

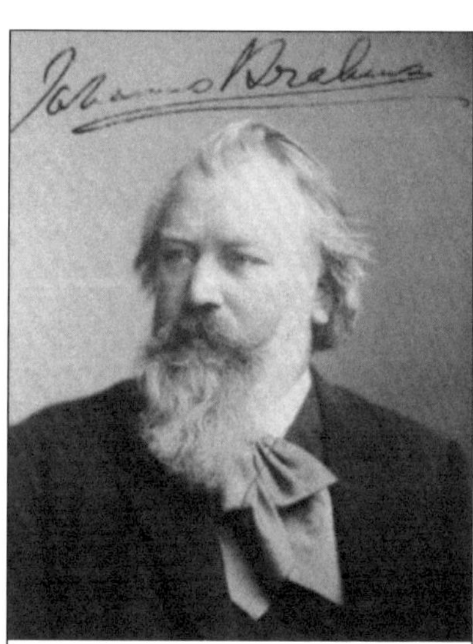

Abb. 36: Johannes Brahms, 1889

Blum, Robert 113
Blumer, Theodor 64
Boedjin, Gerard 114
Boekel, Meindert 114
Bourgeois, Derek 119
Brahms, Johannes 70
Brehme, Hans 65
Bresgen, Cesar 66, 78
Breu, Jörg 36
Brixel, Eugen 112
Burgkmair, Hans 36

C

Cambini, Giuseppe 63
Carnevali, Daniele 115
Catel, Charles-Simon 48
Ceremuga, Josef 120
Cesarini, Franco 113
Chemin-Petit, Hans Helmuth 65
Cherubini, Luigi 45f.
Cibulka, Franz 112
Creux, Fulvio 115
Croce, Giovanni 26
Cruft, Adrian 119
Czibulka, Alfons 102

D

Daetwyler, Jean 78, 113
Danzi, Franz 63
David, Thomas Christian 66
De Boeck, Marcel 117

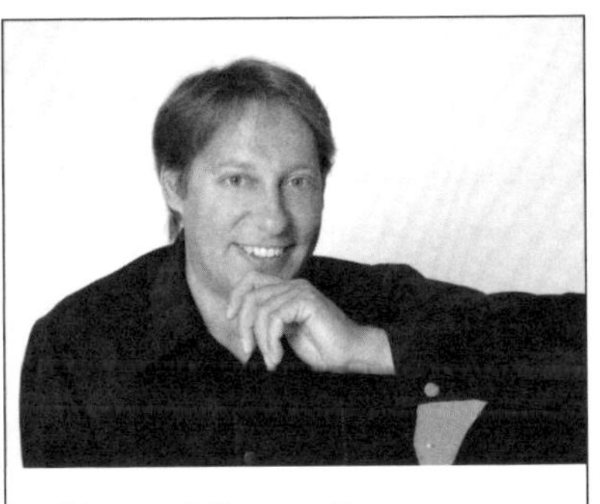

Abb. 37: Thomas Doss

de Haan, Jacob 114
de Haan, Jan 114
de Meij, Johan 114
De Nardis, Camillo 115
De Wolf, Karel 117
Dalla Casa, Girolamo 28
Della Fonte, Lorenzo 115
Devienne, François 46
Dondeyne, Désiré 116
Donizetti, Gaetano 61
Dorado Janeiro, Ricardo 117
Doret, Gustave 113
Doss, Thomas 112
Douglas, Roy 66
Dubrovay, László 121
Dürer, Albrecht 36

E

Eder, Helmut 66
Ehmann, Wilhelm 31, 73
Elgar, Edward 86

F

Fahrbach, Philipp 102
Faillenot, Maurice 116
Farkas, Ferenc 66
Fauchet, Paul 116
Ferran, Ferrer 117
Follman, Georges 117
Fontyn, Jacqueline 117
Françaix, Jean 66, 116
Fricker, Peter Racine 66
Friedemann, Carl 109, 113
Fučík, Julius 102, 109, 119

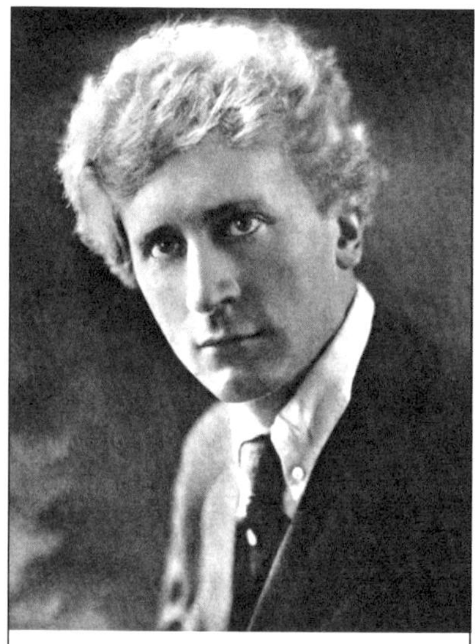

Abb. 38: Percy Aldridge Grainger, 1922

G

Gäble, Kurt 111
Gabrieli, Andrea 26, 28
Gabrieli, Giovanni 26ff.
Gaia, Massimo 113
Gál, Hans 91
Genzmer, Harald 66, 78, 109
Gerster, Ottmar 65
Gilson, Paul 117
Glière, Reinhold 66
Glöggl, Franz Xaver 31
Gluck, Christoph Willibald 42
Godard, Philippe Jules 113
Gossec, François Joseph 46
Gotkovsky, Ida 78, 116
Gounod, Charles 59
Grabner, Hermann 109
Graham, Peter 119
Grainger, Percy Aldridge 87f., 118
Gregson, Edward 119

H

Haase-Altendorf, Hellmut 109
Häberling, Albert 76f., 79, 113
Hadermann, Jan 117
Haidmayer, Karl 78
Händel, Georg Friedrich 32
Hannikainen, Tuomas 66
Hartwig, Hans 110
Hasselmann, Viktor 110
Hassler, Hans Leo 22

Haydn, Franz Joseph 49
Hensel, Walther 31
Henze, Hans Werner 66
Herborg, Dieter 111
Hermann, Hugo 110
Herrmann, Martin 113
Hess, Lutz-Werner 66
Hidas, Frigyes 120
Hindemith, Paul 31, 65, 90f., 96f.
Höffer, Paul 66, 109
Hoffmann, E. T. A. 54
Hofhaimer, Paul 36
Holbein, Hans d. Ä. 36
Holbein, Hans d. J. 36
Holst, Gustav 86ff., 118
Honegger, Arthur 98
Horovitz, Joseph 119
Howarth, Elgar 119
Huber, Klaus 66
Huber, Paul 78, 113
Hummel, Bertold 66
Husadel, Hans Felix 110

I

Ibert, Jacques 65
Ireland, John 119
Isaac, Heinrich 36
István, Bogár 121
Itō, Yasuhide 122
Iwai, Naohiro 122

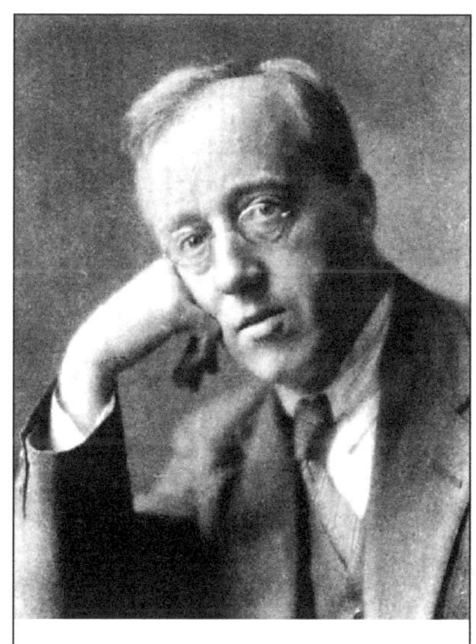

Abb. 39: Gustav Holst, ca. 1921

J

Jacob, Gordon 87, 89, 118
Jadin, Louis Emmanuel 47
Jaeggi, Stephan 112
Jenny, Albert 113
Jonák, Zdeněk 120
Jongen, Joseph 64
Jourquin, Julien 116
Juchelka, Miroslav 120
Juon, Paul 66

K

Kadosa, Pál 66

Kaiser Maximilian I. 36, 39
Karg-Elert, Siegfried 65
Karl der Große 18
Kastner, Johann Georg 105
Kawasaki, Masaru 122
Kinzl, Franz 111
Kofler, Armin 112
Komzák, Karl 102
Komzák, Karl jun. 112
Korda, Viktor 66
König David 13
König, Herbert 112
Königshofer, Franz 113
Kont, Paul 66
Kotonski, Wlodzimierz 65
Klughardt, August 64
Krenek, Ernst 91, 97
Kuhlo, Eduard 73
Kuhlo, Johannes 73
Kühmstedt, Paul 110

L

Lancen, Serge 78, 116
Landon, Robbins 49
Lappi, Pietro 28
Leder, Wolfgang 66
Lehár, Franz 102
Lendvay, Kamilló 120
Le Sueur, J. F. 45
Ligeti, György 66
Liszt, Franz 70
Löffler, Edmund 110
Löffler, Willi 110
Lohse, Fred 66
Lotterer, Gustav 110
Lully, Jean-Baptist 105

M

Maasz, Gerhard 78
Majo, Ernest 110
Malipiero, Riccardo 66
Maňas, František 120
Mantegazzi, Gian Battista 113
Marckhl, Erich 66
Marini, Biagio 28
Marosi, László 120
Marx, Karl 31

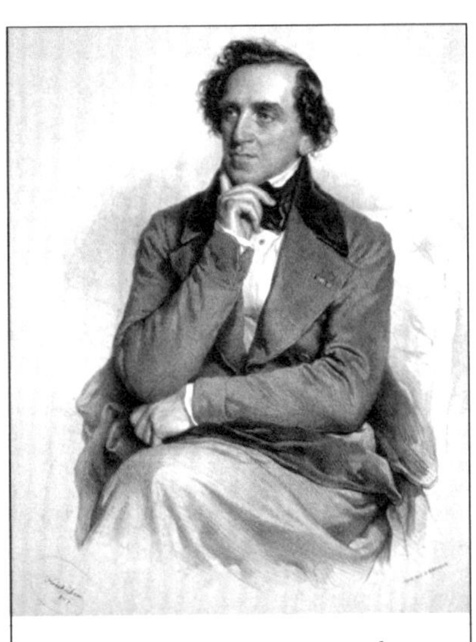

Abb. 40: Giacomo Meyerbeer

Mas Quiles, Juan Vincente 118
Massaino, Tiburtio 28
Méhul, Étienne-Nicolas 47
Mendelssohn Bartholdy, Felix 56f.
Merulo, Claudio 26, 28
Meyerbeer, Giacomo 56f.
Mieg, Peter 67
Mielenz, Hans 110
Milhaud, Darius 67, 99
Moeckel, Hans 113
Moerenhout, Jos 78, 117
Mohr, Wilhelm 57
Monteverdi, Claudio 26, 27
Moritz, Landgraf von Hessen 30
Mortensen, Finn 67
Mozart, Wolfgang Amadeus 42, 49, 69
Müller, Adolf 31
Mutter, Gerbert 111

N

Ney, Arthur 113
Nielsen, Carl 65
Nozy, Norbert 116

O

Orsomando, Giovanni 115

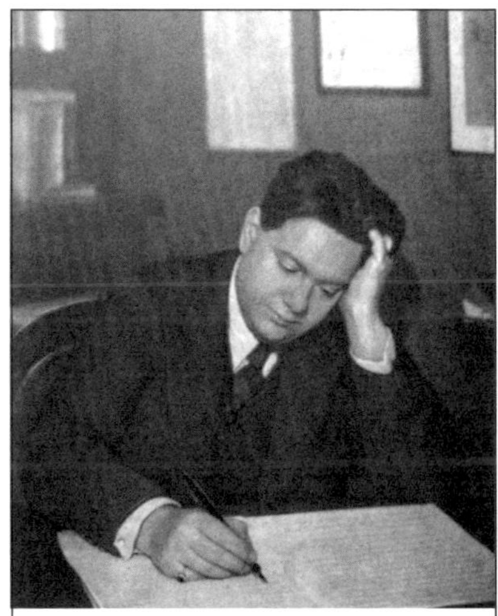

Abb. 41: Darius Milhaud, um 1926

P

Papst Gregor I. 16
Pasculli, Antonio 115
Patachich, Iván 120
Patterson, Paul 119
Pauer, Jiří 120
Pepping, Ernst 91
Pezelius, Johann Christoph 29
Philidor d. Ä. 105
Piefke, Johann Gottfried 70
Pirola, Carlo 115
Pizzini, Carlo Alberto 115
Placheta, Hugo 67
Plass, Ludwig 31

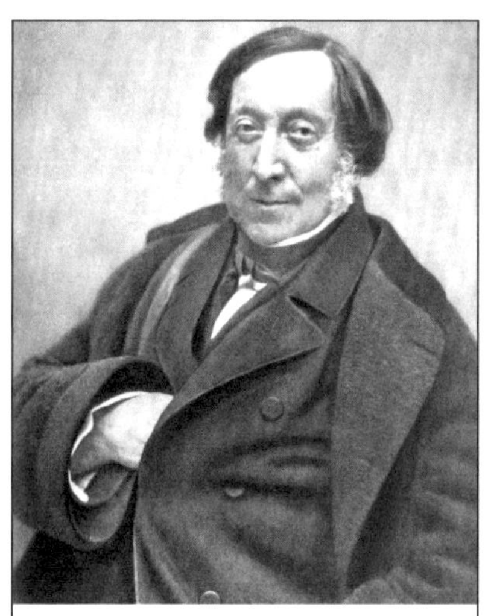

Abb. 42: Gioachino Rossini

Plaß, Ludwig 74
Ploner, Josef Eduard 111
Ponchielli, Amilcare 61
Poot, Marcel 116
Popy, Francis 116
Porter, Quincy 67
Praetorius, Michael 72
Praveček, Jindřich 120
Prokofjew, Sergei 62
Pugnani, Gaetano 106

R

Rainier, Priaulx 67
Ránki, György 120
Ravel, Maurice 67
Reed, Alfred 121
Regner, Hermann 110
Rehfeld, Kurt 111
Reicha, Anton 63
Reiche, Gottfried 30
Respighi, Ottorino 106
Riegger, Wallingford 67
Rieti, Vittorio 67
Rimski-Korsakow, Nikolai 62, 107, 121
Roetscher, Konrad 67
Rogister, Fernand 117
Röntgen, Julius 65
Rore, Cipriano de 26
Rossini, Gioachino 58
Rudin, Rolf 111
Ruyneman, Daniël 65

S

Salnikow, Georgi 120
Salomon 13
Sarrette, Bernard 44
Scheffer, Pi 114
Schein, Johann Hermann 22, 30
Schelle, Johann 28
Schiske, Karl 67
Schmid, Heinrich Kaspar 31, 65
Schneider, Friedrich 31
Schneider, Manfred 111
Schneider, Willy 31, 110
Schönberg, Arnold 65, 97
Schönherr, Max 112

Schoonenbeek, Kees 114
Schubart, Christian Friedrich Daniel 41
Schubert, Franz 54
Schulé, Bernard 113
Schuller, Gunther 67
Schütz, Heinrich 28
Schwarz, Otto M. 112
Seeger, Peter 76, 110
Segers, Jan 117
Sellenick, Adolphe Valentin 116
Senfl, Ludwig 36
Smith, Claude T. 78, 121
Sobeck, Johann 65
Somadossi, Marco 115
Sousa, John Philip 82
Sparke, Philip 119
Speer, Daniel Georg 29
Spohr, Louis 55
Spontini, Gaspare 56, 70
Springer, Franz 113
Sprongl, Norbert 67
Staněk, Pavel 120
Stegfellner, Johann 111
Steinbeck, Heinrich 113
Störl, Johann Georg Christian 30
Storp, Sigmund Hans 67
Strauss, Richard 60, 70, 106
Strawinsky, Igor 95f.
Strungk, Nicolaus Adam 42
Stürmer, Bruno 109
Sullivan, Arthur 86
Sulzbacher, Bruno 112
Summerer, Reinhard 112
Szervánszky, Endre 67

T

Tailleferre, Germaine 116
Takács, Jeno 67
Talens Pelló, Rafael 118
Tanzer, Sepp 112
Teike, Carl 110
Thaler, Sepp 112
Thiry, Albert 116
Toch, Ernst 91
Triebensee, Johann Georg 69

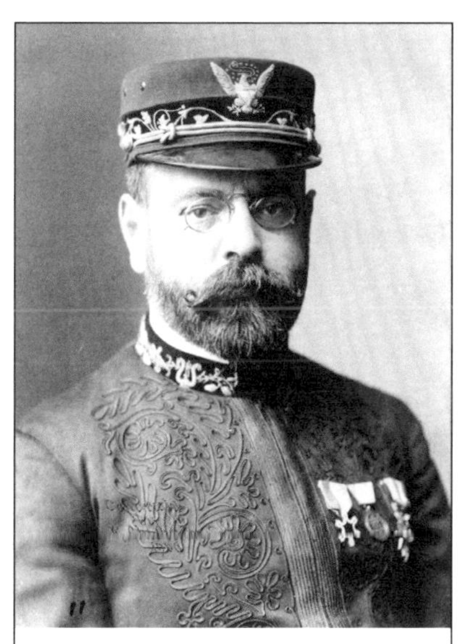

Abb. 43: John Philip Sousa, 1900

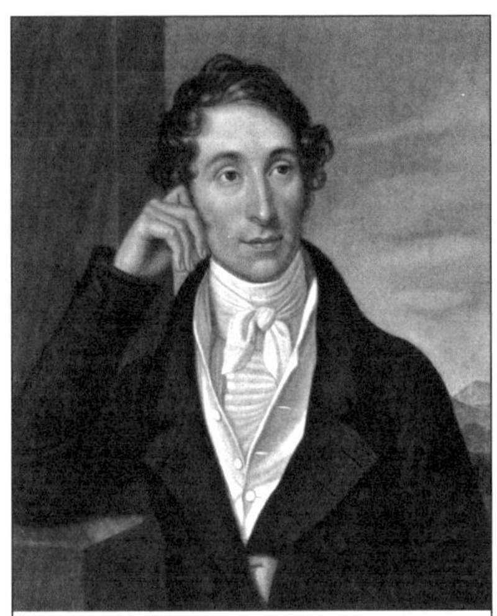

Abb. 44: Carl Maria von Weber (1821)

Trojan, Erwin 112
Tscherepnin, Alexander 78, 121
Turina, Joaquín 117

U

Uray, Ernst Ludwig 67, 78

V

Vackár, Dalibor 78
van Beethoven, Ludwig 31, 42, 51
Van der Roost, Jan 117
van Lijnschooten, Henk 78, 114
Vaughan Williams, Ralph 87f., 118
Veit, Gottfried 67, 112
Verbeeck, Frans Ludo 117
Vessella, Alessandro 115
Vidale, Pietro 115
Villa, Ricardo 117
Vinter, Gilbert 119
Vlak, Kees 76, 113
von Blon, Franz 109
von Bülow, Hans 70
von Eschenbach, Wolfram 18
von Reznicek, Emil Nikolaus 103

W

Wacek, Wilhelm 102
Waespi, Oliver 113
Wagner, Richard 22, 58, 70
Waignein, André 117
Walton, William 119
Wannenmacher, Johannes 29
Weber, Alain 67
Weber, Carl Maria von 55
Wellesz, Egon 67
Wendt, Johann Nepomuk 69
Wesenauer, Peter 112
Whitwell, David 48
Wichers, Johan 114
Wieprecht, Wilhelm Friedrich 57, 69f., 101
Wilby, Philip 119

Winter, Paul 31
Wittmers, Eberhard Ludwig 109
Woolfenden, Guy 119
Würz, Roland 31

Z

Zámečník, Evžen 78, 120
Zender, Hans 67
Ziehrer, Carl Michael 102
Zilcher, Hermann 64
Zoder, Raimund 31

Weitere Bücher von Gottfried Veit

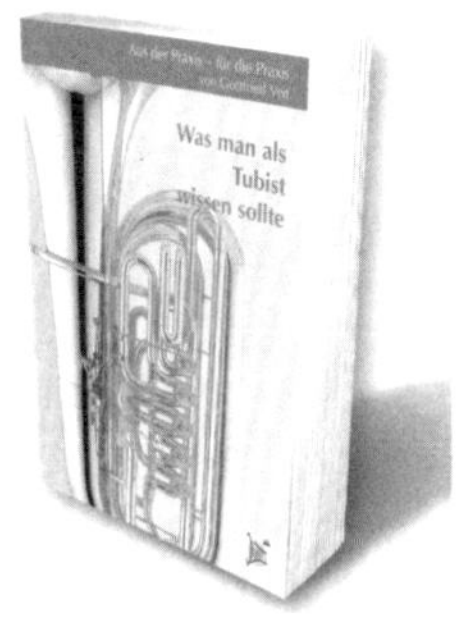

Was man als Tubist
wissen sollte

ISBN 978-3-943037-18-0

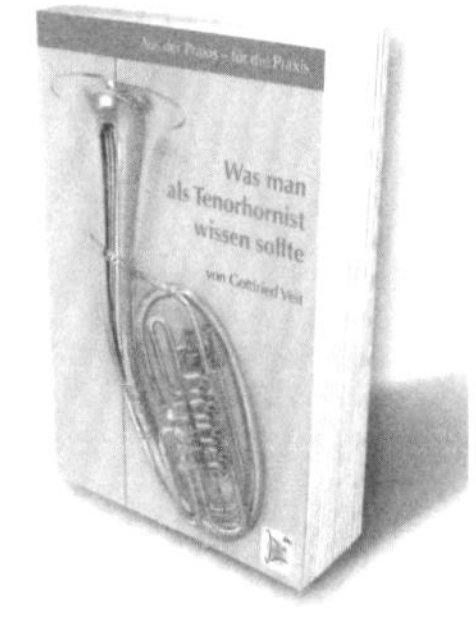

Was man als Tenorhornist
wissen sollte

ISBN 978-3-973037-02-9

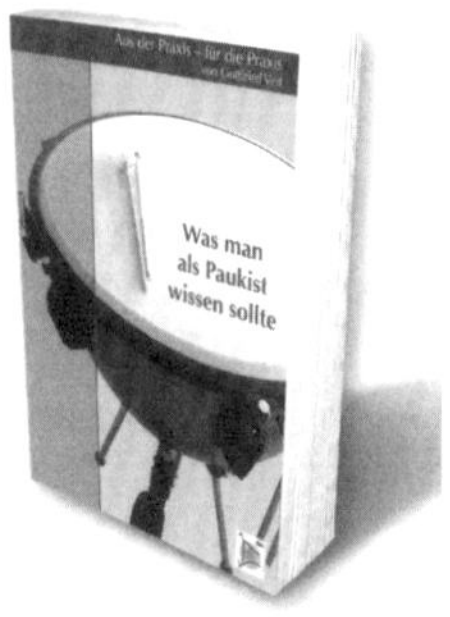

Was man als Paukist
wissen sollte

ISBN 978-3-927781-55-9

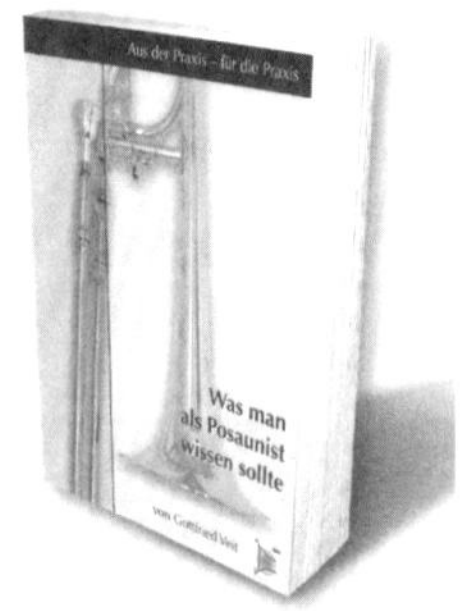

Was man als Posaunist
wissen sollte

ISBN 978-3-927781-36-8

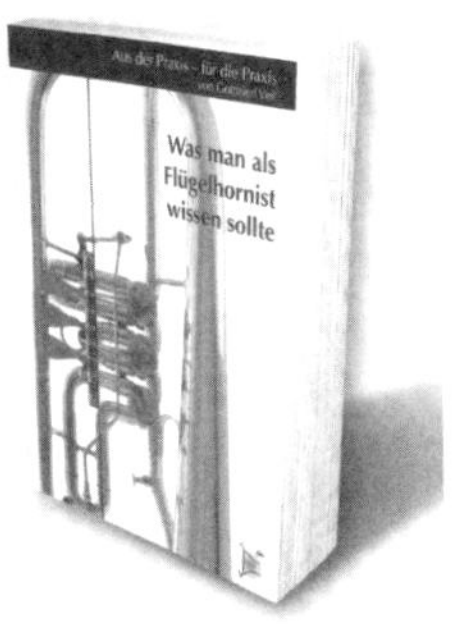

Was man als Flügelhornist wissen sollte

ISBN 978-3-927781-56-6

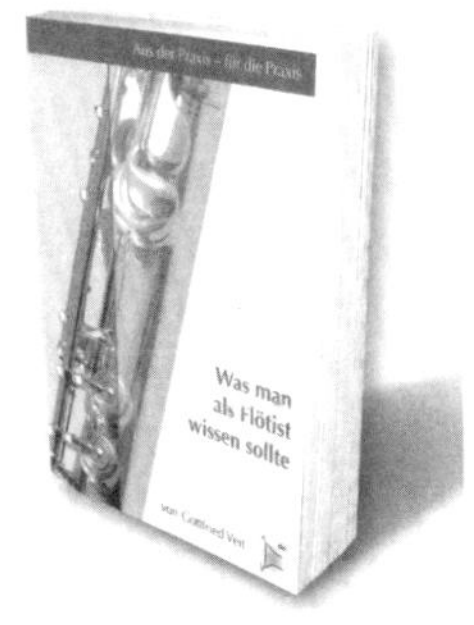

Was man als Flötist wissen sollte

ISBN 978-3-927781-34-4

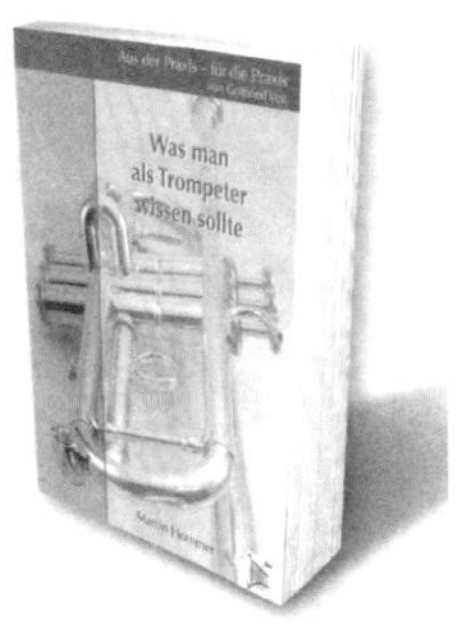

Was man als Trompeter wissen sollte

Autor: Martin Hommer

ISBN 978-3-927781-35-1

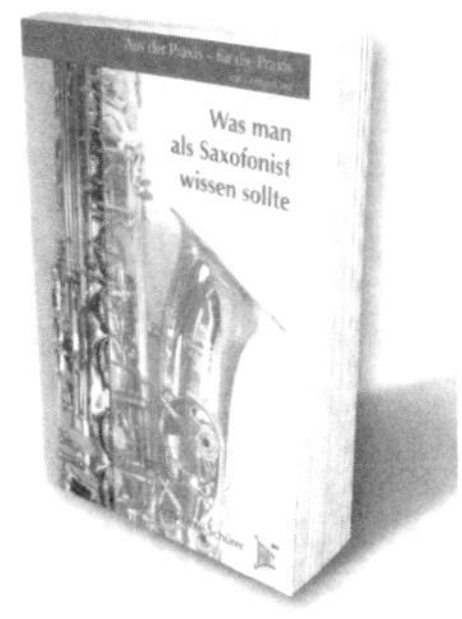

Was man als Saxofonist wissen sollte

Autor: Anneliese Schürer

ISBN 978-3-927781-47-4

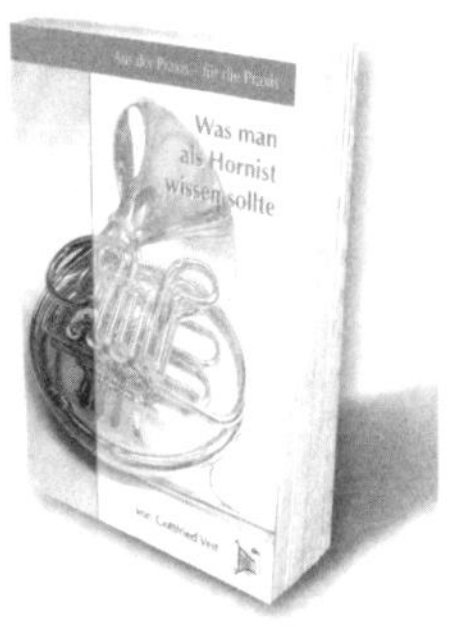

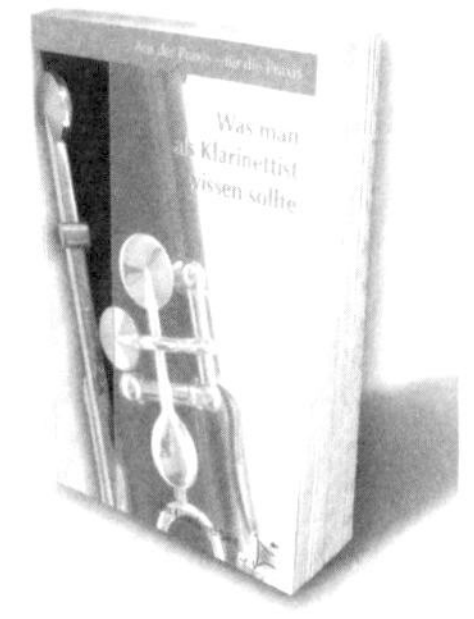

Was man als Hornist wissen sollte

ISBN 978-3-927781-46-7

Was man als Klarinettist wissen sollte

ISBN 978-3-927781-32-0

Kompositionen von Gottfried Veit

Gambrinus-Messe – »Hopfen und Malz, Gott erhalt's«

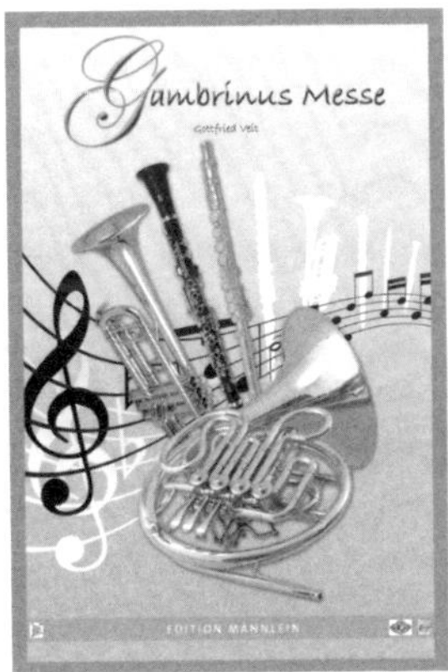

Die grenzübergreifende »Brauer-Messe« ist eine instrumentale Messe für Blasorchester. Sie ist spieltechnisch bewusst einfach gehalten, damit sie sich nicht nur zur Darbietung durch große Blasorchester, sondern auch für kleinere Besetzungen eignet. Gambrinus gilt als Erfinder des Bieres und so versteckt der Komponist zwei profane melodische Zitate, die eindeutig mit Bier in Verbindung gebracht werden können.

ISMN M-700279-19-6

Jubelfest – Hymnische Musik für Blasorchester

Diese hymnische Musik von Gottfried Veit ist ein echtes Jubelfest für alle Blasorchester: Sie beinhaltet kaum spieltechnische Schwierigkeiten und kann dank der praxisorientierten Instrumentation auch von Orchestern mit nicht vorhandenen Mangelinstrumenten aufgeführt werden. So eignet sie sich auch für Gesamt- oder Gemeinschaftschöre bei Großveranstaltungen von Verbänden und Vereinen.

ISMN M-700279-21-9

Alpenländische Tanz-Suite

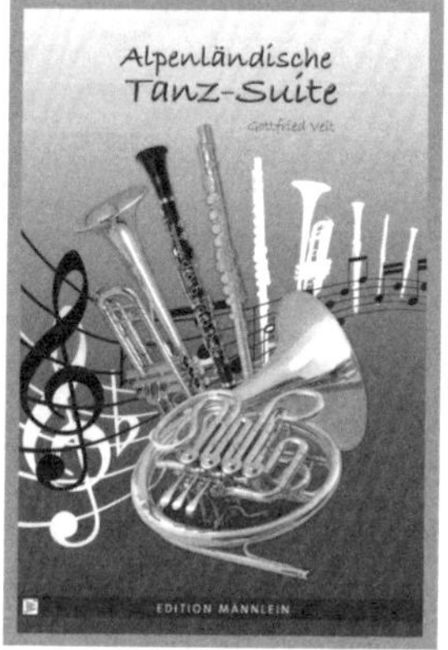

Diese neue Komposition von Gottfried Veit für großes Blasorchester ist so gehalten, dass sie schon in kleinster Besetzung gut aufführbar ist. Das, was man im Allgemeinen unter bodenständiger Volksmusik versteht, ist nicht eine Musik zweiten Ranges, sie ist vielmehr die ländliche Schwester der hohen Tonkunst. Der Volkstanz, welcher mit Brauchtum, Volkslied und Volkstracht eine unzertrennbare Einheit bildet, wird vielleicht nirgends in einer so bezeichnenden Selbstverständlichkeit gepflegt wie gerade in den Alpenländern.

ISMN M-700279-23-3

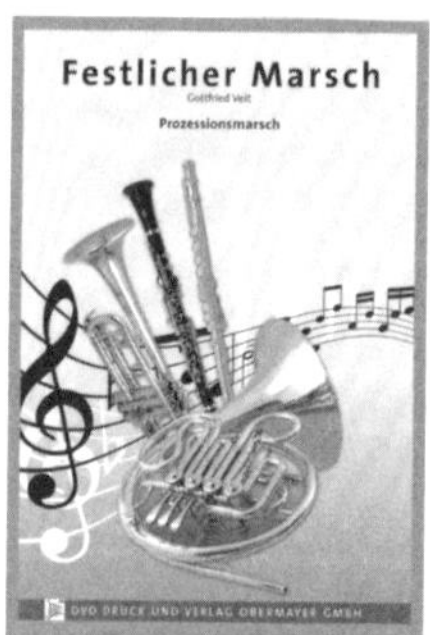

Festlicher Marsch
ISMN M-700279-14-1

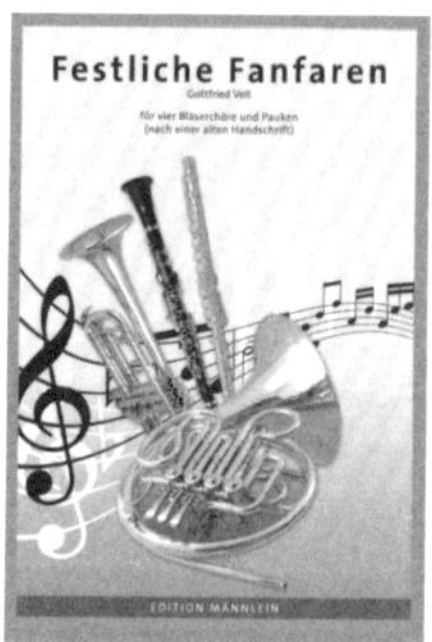

Festliche Fanfaren
ISMN M-700279-13-4

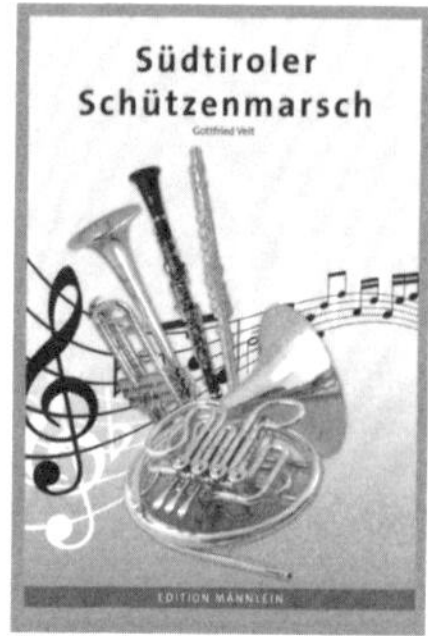

Südtiroler Schützenmarsch
ISMN M-700279-15-8

Lange Zeit waren einige Werke von Gottfried Veit nicht mehr erhältlich. In der neuen Edition Männlein gibt es nun die ersten drei Kompositionen in neuer Auflage. Alle drei Werke sind zeitlose Musik und sind für Musikvereine zu vielen Gelegenheiten einsetzbar.